Catherine Bourron-Normand
Béatrice Vigot-Lagandré

L'ALIMENTATION de nos Petits

Photographies Éric Fenot
Stylisme Delphine Brunet

SOLAR ÉDITIONS

Sommaire

miam

Paul
Eliott
Lou

Aujourd'hui, beaucoup de jeunes parents se posent des questions sur la nutrition et la croissance de leur enfant, dès le plus jeune âge. L'alimentation est un thème dont tout le monde parle : presse écrite, télévision, crèches, écoles, ministère de la Santé.... De nombreuses informations circulent sur l'obésité, les allergies, les maladies cardio-vasculaires, les bienfaits nutritionnels des aliments, la nocivité des pesticides et des OGM dans les aliments... Ces sujets deviennent alors une source de confusion, de questionnement et d'angoisse pour les parents. Replaçons les choses dans leur contexte !

Croissance du jeune enfant

La première année de vie de l'enfant est une période de croissance intense. En effet, le nourrisson triple son poids de naissance et gagne 25 cm à la fin de la première année : vous pouvez imaginer l'importance des besoins nutritionnels à ce moment ! Puis la croissance va se poursuivre de manière importante – mais moins spectaculaire néanmoins – jusqu'à l'âge de 6 ans, où elle va commencer à être beaucoup plus progressive. La visualisation de ce phénomène se fait sur les courbes d'IMC présentes dans le carnet de santé.

Compte tenu de ces besoins, les apports nutritionnels de la première année de vie vont augmenter assez rapidement : à son terme, ils vont correspondre à peu près à la moitié des apports énergétiques de ceux de leur mère. Ceci ne signifie pas que les repas représentent la moitié de ceux d'un adulte. Néanmoins, le très jeune enfant a des besoins quantitatifs relativement hauts et des besoins qualitatifs spécifiques. Puis, de l'âge de 3 ans jusqu'à l'âge de 6 ans, il y aura une augmentation très progressive des apports nutritionnels.

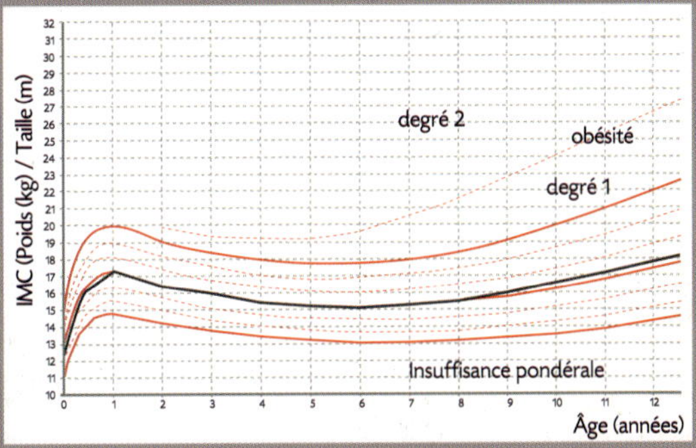

Les idées reçues

Le lait n'est pas indispensable pour l'enfant

Aujourd'hui, la consommation des produits à base de lait de vache est en forte baisse, chez les adultes comme chez les enfants. Même dans le monde pédiatrique, le lait est accusé par certains d'être responsable de tous les maux (otites et angines à répétition, obésité, etc.). Pourtant, les laits infantiles ont une composition parfaitement équilibrée en protéines, acides gras essentiels, calcium et fer, et répondent donc parfaitement aux besoins des enfants. Cela concerne également le lait de croissance. Ce dernier est d'autant plus justifié pour les petits mangeurs, chez qui le risque de carence en fer est plus élevé.

Si votre enfant n'apprécie pas le lait de croissance, ou s'il a plus de 3 ans, vous pouvez le remplacer par du lait de vache entier et lui proposer des laitages ou du fromage en quantité adaptée, afin de couvrir ses besoins en calcium et en protéines. L'idéal étant de lui proposer un produit laitier par repas.

Le sel est néfaste pour la santé de mon enfant

Le nourrisson a une fonction rénale immature, ce qui implique que ses repas soient peu salés. Pendant sa première année, il n'est pas possible d'utiliser les conserves pour adultes, trop salées ; seuls les plats pour bébé sont adaptés. Puis, entre 1 et 6 ans, l'organisme évolue, ce qui élimine un certain nombre de contraintes dans la façon de cuisiner et permet d'augmenter les aliments salés tels que fromage, conserve, jambon. Cependant, il est important de ne pas cultiver le goût pour le sel, car il n'existe pas de carence ; au contraire, l'excès peut être néfaste à l'âge adulte et entraîner des troubles pour la santé.

Les féculents sont à consommer avec beaucoup de modération

Les féculents sont une source d'énergie utile à tout âge. Ils sont représentés par la pomme de terre, le pain, les pâtes, le riz, la semoule, le blé, le quinoa ou les légumes secs. Il est nécessaire qu'ils figurent à chaque repas, afin d'apporter une satiété à long terme, sans sensation de faim intense entre les repas. Mais l'introduction des céréales contenant du gluten et des légumes secs riches en fibres se fera en fonction de l'âge de l'enfant.

Le sucre est à bannir des repas des enfants

Non, le sucre est un aliment qui peut représenter 10 % de la totalité des glucides – il peut être apporté sous forme de sucre pur, mais aussi de miel, de confiture, de sirop d'agave ou de chocolat. S'il ne faut pas en abuser, il n'y a aucune raison de prendre des mesures d'éviction drastiques, qui pourraient avoir des conséquences néfastes sur le comportement alimentaire.

Les produits bio sont les seuls adaptés à un bébé

Il est important de noter que les produits destinés à la petite enfance subissent des contrôles sanitaires encore plus importants que les produits bio, en raison de la réglementation européenne. Ils sont donc tout à fait adaptés aux tout-petits. Mais, si vous souhaitez élaborer vous-même les repas de votre enfant, les aliments bio peuvent être une bonne solution. Ils peuvent être identifiés par les mentions : agriculture biologique (AB), produit de l'agriculture biologique, ou produit issu de l'agriculture biologique, et par l'organisme certificateur (Ecocert notamment).

Le beurre n'est pas bon pour la santé de mon enfant

Comme souvent, c'est l'abus qui est néfaste. Mais le beurre constitue un apport de vitamines A et D. Dans le cadre d'une alimentation diversifiée, il est important de varier les matières grasses : beurre, crème fraîche, huiles végétales, afin que l'enfant bénéficie des apports spécifiques de chacune d'elles.

Il faut s'inquiéter du faible appétit d'un enfant

Non, la plupart des enfants savent gérer la sensation de faim et de satiété. Comme les adultes, tous les enfants n'ont pas le même appétit. Votre pédiatre peut vous aider lorsqu'il établit les courbes de croissance. En effet, un petit appétit n'est pas toujours synonyme de mauvais développement. L'important est que le repas soit un moment agréable pour votre enfant et pour la famille – qu'il ne donne pas lieu à un conflit familial – et que votre enfant ait une bonne croissance.

Les enfants doivent manger de la viande midi et soir

Le groupe des viandes, poissons et œuf, ainsi que le groupe des produits laitiers, apportent des protéines. Les enfants ont de petits besoins en protéines et un fort besoin en calcium. Ce dernier est apporté par le lait, les laitages ou le fromage. Ainsi, afin de couvrir les deux besoins, l'idéal est donc de donner de la viande ou un équivalent une fois par jour à son enfant jusqu'à l'âge de 6 ans. Pour les besoins en fer, pensez à lui proposer régulièrement du boudin noir, ou bien de la viande rouge, ces deux aliments étant une des meilleures sources de fer alimentaire.

Mon enfant de 3 ans peut manger le même repas qu'un adulte

À partir de 2 ans, un enfant peut consommer tous les aliments. En effet, la diversification est terminée, il peut tolérer tous les aliments. En revanche, les quantités nécessaires sont bien inférieures à celles d'un adulte. Il est important d'expliquer et de respecter ce principe au sein des familles. Attention, les aliments tels que les produits de friture, les friandises, les bonbons, les boissons sucrées ne peuvent être considérés comme des aliments nécessaires. Ils seront donc consommés avec parcimonie, sans toutefois être exclus totalement, afin de ne pas engendrer de frustration.

Les enfants n'apprécient pas la cuisine épicée

C'est très variable : un enfant qui a été habitué pendant sa vie fœtale à recevoir les saveurs de la cuisine épicée les appréciera sans doute. En effet, des études sur le goût montrent que les saveurs des aliments consommés par la maman passent dans le liquide amniotique. Lorsque votre enfant est en âge d'avoir une alimentation diversifiée, vous pouvez tout à fait utiliser les herbes aromatiques et introduire avec modération des épices douces (curry, cannelle, curcuma).

Les astuces pratiques

Vous aimeriez cuisiner et congeler des plats pour votre enfant.

Quelles précautions sont nécessaires ?

Afin de limiter les risques liés à la congélation, il est nécessaire de prendre quelques précautions durant la préparation et la décongélation.

Concernant la préparation

Il est impératif de se laver soigneusement les mains aussi souvent que nécessaire et de s'assurer de la fraîcheur des aliments.

Il est important de conditionner les plats en doses individuelles ou en toutes petites portions – car on ne peut pas recongeler un produit décongelé – et de les laisser refroidir avant de les mettre au congélateur.

Concernant la décongélation

La remise en température du produit congelé est un moment délicat. Plusieurs solutions sont possibles : décongélation au micro-ondes, au bain-marie ou au réfrigérateur (temps le plus long). En revanche, il ne faut jamais décongeler un produit à température ambiante, pour éviter le développement des bactéries.

Vous n'avez pas le temps de cuisiner tous les jours, vous souhaitez donner des produits le plus proche possible des produits frais, vous aimez beaucoup cuisiner.

Plusieurs solutions s'offrent à vous :

- Proposez à votre enfant un produit frais que vous cuisinerez et prévoyez plusieurs portions que vous congèlerez : soit l'équivalent d'une petite assiette, soit des galets que vous mettrez dans des bacs à glaçons. Il ne restera plus qu'à les décongeler avant que votre enfant les consomme. Les plats cuisinés et congelés « maison » sont des produits fragiles. Il est raisonnable de ne pas les conserver plus de quatre semaines.
- Utilisez les produits surgelés nature, éventuellement bio, que vous trouvez dans les magasins de surgelés. Il vous est possible, grâce à leur charte de qualité, de connaître leurs caractéristiques et leur composition. De plus, ils permettent de gagner du temps, et parfois de l'argent, puisque prêts à être consommés, ils sont exempts de déchets.
- Variez les repas sans y passer trop de temps. Il existe des purées de légumes nature surgelées pouvant parfaitement s'adapter aux besoins d'un enfant de moins de 1 an. Elles constituent une bonne source d'approvisionnement pendant les creux de la saison des légumes.

Matériel nécessaire à une réalisation simple et respectant les principes nutritionnels

- Cuit-vapeur, robot, mouli-légumes, autocuiseur, mixer-plongeur sont des appareils très utiles parmi lesquels vous pouvez choisir ceux qui vous semblent les plus pratiques.
- Le mode de cuisson à la vapeur, très rapide, est aussi celui qui permet de limiter au maximum les pertes vitaminiques. Il peut se faire dans un cuit-vapeur ou un autocuiseur.
- Pour obtenir des textures idéales pour les purées et les viandes mixées, il existe des systèmes à adapter sur vos robots, qui gèrent les petits volumes. Il n'est donc pas indispensable de posséder du matériel spécifique pour enfants. Mais, le cuit-vapeur/mixer destiné à la cuisine pour bébé est vraiment très pratique, parole de maman utilisatrice !

Pour les petits
de 4 à 24 mois

4 / 24 mois

Jusqu'à 4 mois en moyenne, les repas de bébé sont exclusivement constitués de lait. Il peut s'agir du lait maternel ou d'une alimentation au lait pour nourrisson. Puis, entre 4 et 6 mois, on peut commencer à introduire de nouveaux aliments.

Diversification

C'est le moment où votre enfant va découvrir de nouvelles saveurs, de nouvelles textures, ainsi qu'une nouvelle façon de s'alimenter. Lorsque le pédiatre commence à parler de diversification, la plupart des parents sont angoissés. Les idées se bousculent : c'est un moment capital pour la santé future du bébé et les notions de risque allergique ou d'obésité apparaissent. Se posent également les questions pratiques : par quoi commencer, comment cuisiner, quelles quantités proposer ?

Aujourd'hui, concernant la diversification, il n'y a aucune raison de s'alarmer inutilement : les recommandations sont quasiment les mêmes pour les enfants allergiques et les petits non allergiques. Ainsi, il n'y a plus lieu de différer très tardivement l'introduction de nouveaux aliments.

Quant à la peur de l'obésité, il est important que l'enfant prenne plaisir à manger, que vous prépariez ses repas dans une optique de découverte et de partage, plutôt que de lui sélectionner des aliments qui ne font pas grossir. Sachez qu'il a besoin de tous les groupes d'aliments.

Pour l'introduction des nouveaux aliments, il existe une recommandation faite par les experts en nutrition, utilisée par votre pédiatre et tous les professionnels de santé : elle sert de guide concernant la période clé de 4 à 6 mois. Par ailleurs, il est important, pour l'introduction des plats pris à la cuillère, de tenir compte du développement de votre enfant. Si votre bébé apprécie son biberon, il n'y a pas d'urgence à faire évoluer la texture de ses repas. Dans le cas contraire, si le sevrage ne se passe pas très bien, il peut arriver que les repas à la cuillère soient mis en place de façon plus rapide. Laissez-vous guider par votre enfant !

La période clé de 4 à 6 mois

Tous les spécialistes de la nutrition de l'enfant s'accordent à dire que c'est le moment idéal pour l'introduction successive des céréales sans gluten, puis des fruits et légumes cuits et mixés, de la pomme de terre (à inclure dans les purées de légumes), puis de la viande et du poisson, avant le jaune d'œuf dur puis le blanc d'œuf dur.

Vers 5 mois, il est recommandé d'introduire des céréales contenant du gluten. D'ailleurs, la réglementation des céréales va évoluer dans ce sens, ce qui facilitera vos choix.

La diversification après 1 an

De 6 mois à 1 an, votre bébé consomme du lait de suite, ou des laitages au lait de suite ou au lait entier. À partir de 1 an, le lait de suite est remplacé par du lait de croissance, ou du lait entier s'il s'agit de préparation pour la famille.

À partir de 15 mois, votre enfant pourra consommer des fruits et des légumes crus, sous forme râpée ou mixée. Il sera également possible d'introduire les légumes secs (lentilles, pois cassés, flageolets, fèves, etc.) plutôt en purée pour commencer, afin d'améliorer leur digestibilité.

Quelles textures en fonction de l'âge ?

Jusqu'à 4 mois, un bébé ne peut consommer que des textures liquides, prises plutôt au biberon.
À partir de 5 mois, l'enfant a les capacités physiologiques de manger à la cuillère des aliments un peu épais.
Aux alentours de 8 mois, il est classique de proposer un croûton de pain ou un biscuit pour bébé, sous surveillance constante d'un adulte.
Puis, vers 10 mois, certains enfants commencent à bien mastiquer, même s'ils n'ont pas de dents, et à accepter des purées avec des morceaux comme de la viande hachée, des petites pâtes ou des légumes cuits, grossièrement mixés.
À 15 mois, la majorité des enfants acceptent les morceaux.

Afin d'habituer votre enfant à des saveurs nouvelles, introduisez les légumes et les fruits un par un. Ce principe permet de modifier en douceur l'alimentation de votre bébé et de repérer au mieux une éventuelle allergie.

Une fois que votre bébé a découvert des saveurs, rien ne vous empêche ensuite de faire des associations salées-sucrées comme la purée de céleri et pomme, car les bébés préfèrent souvent les saveurs sucrées aux salées.

De même, les textures fluides remportent un plus grand succès que les textures très épaisses.

C'est aussi le moment où se pose la question du « fait maison » ou du « tout prêt ». Aujourd'hui, les aliments spécifiques pour bébés ont une plus grande valeur gustative que par le passé. Lorsque vous cuisinez vous-même les repas de votre bébé, vous ajoutez à la différence gustative une dimension affective, culturelle, une dose de créativité et d'ingéniosité, qui a aussi son importance. L'essentiel est que cela ne se transforme pas pour vous en corvée et que vous répondiez aux besoins spécifiques de votre enfant.

En pratique

Les portions proposées dans les recettes sont les portions moyennes adaptées à la tranche d'âge concernée. Vous pouvez toutefois les augmenter ou les diminuer un peu en fonction de l'appétit de votre enfant.

Pour vous aider à préparer les repas de votre enfant, découvrez ci-contre quelques idées de menus, qui utilisent les recettes du livre en fonction de deux âges clés.

MENU
pour un enfant
de 9 mois

MATIN
Un biberon de 180 ml
de lait de suite + céréales

DÉJEUNER
Gratin Parmentier de canard
Fromage frais aux clémentines

GOÛTER
Poires aux perles du Japon
Compote de pommes

DÎNER
Un biberon de 180 ml
de lait de suite + céréales

MENU
pour un enfant
de 15 mois

MATIN
Un biberon de 240 ml de lait
de croissance
Un petit pain au lait

DÉJEUNER
Paupiette de sole farcie
Gratin d'épinards et de quinoa
Mousse à la framboise

GOÛTER
Un yaourt accompagné
d'une banane

DÎNER
Purée de poireau,
fèves et pomme de terre
Crème au chocolat
Papillotes de fruits

4
24
mois

Conseil équilibre

Si ce potage constitue le plat principal de votre enfant, ajoutez alors 2 mesures de lait deuxième âge ou de lait de croissance et une noix de beurre, afin que les apports nutritionnels soient adaptés.

Variante

Vous pouvez aussi réaliser cette soupe avec du potimarron.

Variante

Vous pouvez ajouter un peu de crème juste avant de servir.

Soupe au potiron

Pour 4 portions Préparation : 10 min Cuisson : 10 min

300 g de potiron, 2 pommes de terre, 1 petit oignon, 2 branches de thym, 1/2 tablette de bouillon de volaille ou de légumes bio

- Pelez et lavez les pommes de terre puis coupez-les en deux ou en trois. Pelez l'oignon et coupez-le en deux. Épluchez le potiron, rincez-le et coupez-le en morceaux.
- Déposez les légumes dans un autocuiseur, ajoutez le bouillon et le thym, recouvrez d'eau à hauteur et fermez. Laissez cuire une dizaine de minutes après la mise en rotation de la soupape.
- Retirez le thym puis passez la soupe au mixer ou au blender.

Potage poireau-pomme de terre

Pour 4 portions Préparation : 5 min Cuisson : 25 min

2 blancs de poireaux, 2 pommes de terre, 1 noisette de beurre, sel

- Rincez les blancs de poireaux puis émincez-les. Pelez et lavez les pommes de terre puis coupez-les en morceaux.
- Mettez le beurre à chauffer dans une cocotte et faites suer les poireaux émincés. Ajoutez les pommes de terre, salez modérément et recouvrez d'eau à hauteur. Portez à ébullition puis baissez le feu et laissez mijoter 20 minutes.
- Passez au mixer plongeant et servez.

4

24

mois

à partir de 15 mois

Salade de betteraves crapaudine

Pour 4 portions Préparation : 10 min

2 petites betteraves crapaudine cuites, 4 brins de ciboulette, 1/2 cuill. à soupe de crème liquide, 1/2 cuill. à soupe de vinaigre, 1 cuill. à soupe d'huile de noix, sel

- Pelez les betteraves, rincez-les, séchez-les puis coupez-les en petits dés. Rincez et séchez la ciboulette.
- Versez une pincée de sel dans un petit saladier et délayez avec le vinaigre. Fouettez avec l'huile et la crème. Ajoutez les dés de betterave, parsemez de ciboulette ciselée et servez.

Conseil équilibre

Vous pouvez ajouter un œuf dur mouliné pour les enfants à partir de 15 mois ; il n'est alors pas nécessaire de proposer de la viande ou du poisson dans la suite du repas.

4
24
mois

Conseil équilibre

Si ce potage constitue le plat principal de votre enfant, ajoutez alors 2 mesures de lait deuxième âge ou de lait de croissance et une noix de beurre, afin que les apports nutritionnels soient adaptés.

à partir de 15 mois

Potage aux pâtes alphabet

Pour 4 portions Préparation : 10 min Cuisson : 25 min

1 courgette, 1 carotte, 50 g de pâtes alphabet , 1/2 tablette de bouillon de bœuf ou de volaille bio

- Lavez la courgette et la carotte, pelez-les puis coupez-les en morceaux.
- Dans une casserole, délayez la demi-tablette de bouillon avec 60 cl d'eau bouillante. Ajoutez les dés de légumes et portez à ébullition. Laissez mijoter 15 minutes environ puis passez au mixer.
- Ajoutez les pâtes, portez à nouveau à ébullition et laissez cuire une dizaine de minutes.

4
24
mois

Variante

Si vos enfants aiment les saveurs sucrées-salées, ajoutez un zeste et un filet de jus d'orange.

Variante

Vous pouvez remplacer le yaourt par 50 g de fromage blanc.

Pour les plus petits

Pour les enfants qui n'acceptent pas encore les morceaux, vous pouvez râper le concombre, cela donnera une texture plus tendre.

Petits flans de carotte

Pour 4 à 6 portions Préparation : 20 min Cuisson : 30 min

400 g de carottes, quelques pluches de cerfeuil, 2 œufs, 10 cl de lait de suite ou de croissance, 10 cl de crème liquide, 1 cuill. à café de fécule, 1 pincée de muscade, sel, poivre

- Épluchez, lavez et coupez les carottes en rondelles, puis faites-les cuire à la vapeur pendant 10 minutes. Mixez-les en purée.
- Préchauffez le four à 180 °C (th. 6).
- Délayez la fécule dans un peu de lait. Incorporez dans la purée les œufs entiers, la crème et la fécule délayée dans le lait. Ajoutez le reste de lait, la muscade, une petite pincée de sel et du poivre. Répartissez la préparation dans des moules individuels beurrés.
- Enfournez et laissez cuire pendant 20 minutes environ. Parsemez de cerfeuil et servez.

Concombre au yaourt

Pour 4 portions Préparation : 10 min

1/2 concombre ou 1 petit concombre pepino, 4 feuilles de menthe, 1/2 yaourt brassé, 1/2 cuill. de vinaigre, sel

- Pelez le concombre et détaillez-le en rondelles ou en dés. Rincez et séchez les feuilles de menthe.
- Mélangez le vinaigre avec une pincée de sel, puis fouettez avec le yaourt brassé.
- Versez la sauce sur les dés de concombre, mélangez bien et ajoutez la menthe ciselée.

4/24 mois

Mousse d'aubergines

Pour 4 portions Préparation : 10 min Cuisson : 15 min

2 petites aubergines, 2 pluches de persil, 2 portions de fromage fondu type Kiri®

- Lavez et épluchez les aubergines, coupez-les en morceaux puis faites-les cuire à la vapeur pendant 15 minutes environ, jusqu'à ce qu'elles soient bien tendres.
- Déposez les aubergines dans le bol d'un robot, ajoutez le fromage, puis mixez pour obtenir une purée onctueuse.
- Rincez et séchez le persil, puis ciselez-le finement et parsemez-en la mousse. Servez chaud ou très frais.

Variante

Vous pouvez faire cuire les aubergines coupées en deux à four chaud pendant 30 minutes environ.

4
24
mois

Rillettes de thon

à partir de 15 mois

Pour 4 portions Préparation : 5 min Réfrigération : 1 h

1 petite boîte de thon au naturel (120 g net), 1 petit-suisse , 1 citron, 4 brins d'aneth ou de ciboulette

- Pressez le citron et recueillez 2 cuillerées à soupe de jus. Égouttez le thon puis émiettez-le dans le bol d'un robot.
- Ajoutez le petit-suisse et le jus de citron, et mixez pour obtenir une purée plus ou moins grossière. Incorporez les herbes ciselées, mélangez et placez au réfrigérateur pendant au moins 1 heure.

Variante

Vous pouvez remplacer le thon par des filets de maquereau. Pour une jolie présentation lors d'un pique-nique, disposez ces rillettes dans des tomates cocktail évidées.

4
24
mois

Petites bouchées de poisson

à partir de 15 mois

Pour 4 portions Préparation : 20 min Cuisson : 5 min

150 g de filet de merlan, lieu jaune ou cabillaud, 1 citron, 4 tiges de persil, 5 cuill. à soupe de lait de suite ou de croissance, 20 g de mie de pain, 2 cuill. à soupe de muesli non sucré ou de flocons d'avoine, 1 cuill. à soupe d'huile, 1 pincée de curry (facultatif), sel

- Faites tremper la mie de pain dans le lait. Répartissez le muesli dans une assiette.
- Coupez le filet de poisson en morceaux et mixez-les avec la mie de pain égouttée, la moitié des herbes, une petite pincée de sel et le curry. Formez des boulettes à l'aide d'une petite cuillère et passez-les dans le muesli.
- Faites chauffer l'huile dans une poêle et ajoutez les boulettes. Laissez cuire 5 minutes en remuant régulièrement, égouttez sur du papier absorbant et parsemez du reste d'herbes et de quelques gouttes de jus de citron.

Variante

Vous pouvez napper les bouchées de sauce tomate maison. Si vous n'avez pas de muesli, passez les boulettes dans la chapelure ou une biscotte mixée.

Paupiettes de sole farcies

à partir de 15 mois

Pour 4 portions Préparation : 20 min Cuisson : 10 min

1 filet de sole de 200 g, 4 champignons de Paris, 1 poignée de pousses d'épinards frais, 1 petite échalote, 1 noix de beurre, sel

- Coupez le bout terreux des champignons, rincez-les puis émincez-les. Épluchez et ciselez l'échalote. Rincez les pousses d'épinards.
- Mettez le beurre à chauffer dans une poêle et faites suer l'échalote. Ajoutez les champignons et les épinards et faites cuire 5 minutes environ. Salez modérément.
- Coupez le filet de sole en deux. Étalez la garniture sur les filets, puis roulez les filets sur eux-mêmes en forme de paupiettes. Faites cuire 5 minutes au cuit-vapeur. Coupez chaque roulé en deux et servez.

Conseil équilibre

Accompagnez ces roulés de sole de quinoa ou d'une purée de pommes de terre et panais.

4
24
mois

Flétan au poireau et au riz

Pour 4 portions Préparation : 10 min Cuisson : 25 min

200 g de filet de flétan, 1 blanc de poireau, 10 g de beurre, 100 g de riz basmati, 2 cuill. à soupe d'huile, 1 pincée de curry doux, sel

- Lavez le blanc de poireau et émincez-le. Faites chauffer un filet d'huile dans une poêle et faites-y revenir le poireau pendant 10 minutes en remuant. Mixez-le en purée.
- Pochez le poisson dans de l'eau frémissante ou un court-bouillon pendant 5 minutes environ. Égouttez-le puis écrasez-le à la fourchette en incorporant le reste d'huile et le curry.
- Pendant ce temps, faites cuire le riz à l'eau bouillante salée pendant 10 minutes environ. Égouttez-le et incorporez le beurre.
- Disposez un peu de purée de poireau dans chaque assiette, recouvrez de flétan émietté et accompagnez de riz.

Pour les plus petits

Au besoin, mixez grossièrement le riz.

Variante

Remplacez le curcuma par une pincée de curry.

à partir de 15 mois

Petites madeleines au fromage

Pour 6 madeleines Préparation : 10 min Cuisson : 10 min

1 gros œuf, 1 cuill. à soupe de fromage blanc, 30 g d'emmental ou de gruyère râpé, 40 g de farine, 1 cuill. à café de levure chimique, 2 cuill. à soupe d'huile d'olive, 1 pincée de curcuma, sel

- Versez la farine dans un saladier et mélangez avec la levure. Incorporez l'œuf légèrement battu, l'huile d'olive et le fromage blanc pour obtenir une pâte homogène. Ajoutez une pincée de sel, le curcuma et le fromage râpé.
- Préchauffez le four à 210 °C (th. 7).
- Répartissez la pâte dans des moules à madeleines antiadhésifs, sans les remplir complètement, et enfournez pour 8 à 10 minutes. Laissez tiédir avant de servir.

Variante

Vous pouvez réaliser ce clafoutis avec des tomates cerises (il est inutile de les précuire) et ajouter une pincée de muscade ou de paprika.

Variante

N'hésitez pas à remplacer l'emmental par du gruyère, du comté, du cantal jeune ou des lamelles de reblochon.

Clafoutis au brocoli

à partir de 15 mois

Pour 4 portions Préparation : 10 min Cuisson : 40 min

200 g de brocoli, 2 petits œufs, 30 g de gruyère, 10 g de beurre, 5 cl de crème liquide, 5 cl de lait de croissance ou demi-écrémé, 5 g de fécule, sel

- Rincez le brocoli, faites-le cuire 10 minutes à la vapeur, puis séparez les bouquets. Râpez le gruyère.
- Préchauffez le four à 210 °C (th. 7).
- Diluez la fécule dans un peu de lait. Versez le reste de lait dans un saladier et mélangez avec la crème liquide et les œufs entiers. Incorporez la fécule et une petite pincée de sel en remuant.
- Beurrez un plat à gratin et disposez le brocoli. Recouvrez de la préparation aux œufs, parsemez de gruyère râpé et enfournez pour 30 minutes.

Cake aux courgettes

à partir de 15 mois

Pour 1 cake Préparation : 20 min Cuisson : 30 min

100 g de jambon, 2 petites courgettes, 3 œufs, 30 g d'emmental, 10 cl de lait de croissance, 100 g de farine blanche, 50 g de farine complète, 1/2 sachet de levure chimique, 3 cuill. à soupe d'huile d'olive

- Pelez les courgettes, rincez-les puis râpez-les. Coupez le jambon en dés et râpez le fromage.
- Versez la farine blanche et la farine complète dans un saladier et mélangez avec la levure. Faites un puits au centre puis incorporez les œufs entiers un à un, le lait tiède et l'huile. Ajoutez les courgettes, le jambon et le fromage.
- Préchauffez le four à 180 °C (th. 6).
- Versez la préparation dans un moule à cake et enfournez pour 30 minutes environ. Servez tiède ou froid.

Œufs pochés sur lit d'épinards

Pour 4 portions Préparation : 15 min Cuisson : 30 min

200 g d'épinards surgelés, 1 belle pomme de terre, 4 petits œufs , 20 g de beurre, 1 cuill. à soupe de vinaigre , 1 cuill. à soupe d'huile d'olive ou de colza, sel

- Faites cuire les épinards selon les instructions portées sur l'emballage. Salez modérément et ajoutez la moitié du beurre.
- Épluchez la pomme de terre, lavez-la et coupez-la en deux. Faites-la cuire à l'eau salée pendant 20 minutes. Écrasez-la avec une fourchette en ajoutant le reste de beurre.
- Faites chauffer une grande quantité d'eau dans une sauteuse ; quand elle frémit, ajoutez le vinaigre. Cassez les œufs un par un dans une tasse et plongez-les dans l'eau frémissante. Faites-les cuire pendant 3 minutes environ, en ramenant le blanc de l'œuf sur le jaune à l'aide d'une écumoire. Égouttez-les sur un papier absorbant.
- Répartissez les épinards et la pomme de terre dans quatre assiettes, déposez un œuf dans chacune, arrosez d'un filet d'huile et servez.

Brouillade à la tomate

Pour 4 portions Préparation : 10 min Cuisson : 15 min

4 petits œufs, 2 tomates, quelques brins d'aneth ou d'estragon, 10 g de beurre, 1 cuill. à soupe d'huile

- Plongez les tomates dans de l'eau frémissante pendant quelques secondes, rafraîchissez-les puis pelez-les et coupez-les en dés.
- Mettez à chauffer l'huile et le beurre dans une poêle, et ajoutez les dés de tomates. Laissez cuire 10 minutes environ. Rincez et séchez les herbes.
- Battez légèrement les œufs et versez sur la concassée de tomates. Mélangez pendant 2 à 3 minutes, parsemez d'aneth ou d'estragon haché et servez.

Pour les plus petits

Vous pouvez mixer les épinards et la pomme de terre, et proposer plutôt un œuf dur bien émietté.

Conseil équilibre

Accompagnez d'un peu de riz blanc.

Variante

Vous pouvez faire cuire les œufs entiers non battus en les cassant directement sur la concassée de tomates.

4
24
mois

Purée multicolore

Pour 4 portions Préparation : 15 min Cuisson : 20 min

1/2 poivron, 1 tomate, 1 carotte, 1 pomme de terre, 1 courgette, 2 cuill. à soupe de lait de suite ou de croissance, 10 g de beurre, 1 pincée de muscade râpée, sel

- Épluchez tous les légumes, rincez-les et coupez-les en morceaux.
- Faites cuire la pomme de terre et la carotte à l'eau bouillante salée ou à la vapeur pendant environ 10 minutes, puis, ajoutez les morceaux de courgette, de tomate et de poivron, et poursuivez la cuisson jusqu'à ce que les légumes soient bien tendres (comptez environ 20 minutes au total).
- Égouttez puis passez les légumes au moulin à légumes et incorporez la muscade, le lait et le beurre.

Variante

Vous pouvez réaliser cette recette avec de la semoule que vous ferez gonfler dans de l'eau bouillante.

Purée de riz aux courgettes

Pour 4 portions Préparation : 5 min Cuisson : 10 min

80 g de riz basmati, 2 petites courgettes, 10 g de beurre, 5 cl de lait de suite ou de croissance, 1/2 tablette de bouillon de volaille ou de légumes

- Épluchez les courgettes puis coupez-les en tronçons.
- Portez une grande quantité d'eau à ébullition et ajoutez la demi-tablette de bouillon émiettée. Laissez-la se dissoudre et versez le riz en pluie. Comptez 5 minutes de cuisson après la reprise de l'ébullition, ajoutez les courgettes et poursuivez la cuisson encore 5 minutes. Égouttez.
- Passez le tout au mixer en incorporant le lait tiédi et le beurre.

Purée de poireau, fèves et pomme de terre

à partir de 15 mois

Pour 4 portions Préparation : 10 min Cuisson : 25 min

1 poireau, 1 pomme de terre, 100 g de fèves écossées et pelées fraîches ou surgelées, 1 bouquet garni, 10 g de beurre, 1 cuill. à soupe d'huile d'olive, sel

- Épluchez le poireau, lavez-le et coupez-le en tronçons. Pelez la pomme de terre, rincez-la et coupez-la en deux. Mettez la pomme de terre et le poireau dans une casserole. Recouvrez largement d'eau, salez, ajoutez le bouquet garni et portez à ébullition. Baissez le feu et laissez cuire 15 minutes environ. Ajoutez les fèves et poursuivez la cuisson 10 minutes.
- Égouttez en conservant l'eau de cuisson et passez le tout au moulin à légumes en incorporant l'huile d'olive et le beurre. Ajoutez au besoin un peu d'eau de cuisson et servez.

Variante

Vous pouvez remplacer le poireau par du brocoli.

Purée de potiron et carotte aux épices

Pour 4 portions Préparation : 5 min Cuisson : 35 min

200 g de potiron, 200 g de carottes, 1 petit oignon , 10 g de beurre, 2 cuill. à soupe d'huile, 1 pincée de gingembre , 1 pincée de cumin, sel

- Pelez le morceau de potiron et les carottes, rincez-les et coupez-les en dés. Faites cuire 10 minutes à la vapeur.
- Épluchez l'oignon et émincez-le finement.
- Mettez le beurre et l'huile à chauffer dans une cocotte et faites suer l'oignon pendant 2 minutes. Ajoutez les carottes et le potiron, salez modérément, saupoudrez de cumin et de gingembre. Couvrez et laissez mijoter à feu doux pendant 20 minutes.
- Écrasez grossièrement à la fourchette ou mixez plus finement selon le goût, et servez.

Pour toute la famille

Pour adapter cette recette aux gros appétits, vous pouvez ajouter une pomme de terre dans la purée.

Purée de haricots verts aux herbes

Pour 4 portions Préparation : 15 min Cuisson : 30 min

300 g de haricots verts, 1 pomme de terre, 1 gousse d'ail, 4 brins de ciboulette ou de cerfeuil, 5 cl de lait de suite ou de croissance, 20 g de beurre, sel

- Équeutez et lavez les haricots verts. Rincez et séchez les herbes.
- Épluchez la pomme de terre et rincez-la. Mettez-la dans une casserole avec l'ail pelé, recouvrez d'eau et portez à ébullition. Salez et faites cuire 15 minutes. Ajoutez alors les haricots verts et poursuivez la cuisson 15 minutes.
- Égouttez puis passez le tout au moulin à légumes et incorporez le lait tiédi et le beurre.
- Ajoutez les herbes ciselées et répartissez la purée dans chaque assiette à l'aide de cercles.

Purée de céleri-rave et pomme

Pour 4 portions Préparation : 15 min Cuisson : 20 min

1/4 de céleri-rave, 1 pomme, 1 petite pomme de terre, 1 citron, 20 g de beurre, 25 cl de lait de suite ou de croissance, sel

- Épluchez le céleri-rave avec un gros couteau et pelez la pomme de terre. Rincez-les et coupez-les en morceaux. Mettez-les dans une casserole avec le lait et complétez avec de l'eau pour recouvrir largement les légumes. Salez, portez à ébullition et laissez cuire 20 minutes.
- Pendant ce temps, pelez la pomme, épépinez-la et coupez-la en dés, et arrosez-les de jus de citron pour qu'ils ne noircissent pas. Faites fondre une noisette de beurre dans une poêle et ajoutez les dés de pomme. Faites cuire en remuant, pendant 10 minutes environ, jusqu'à ce qu'elle soit réduite en compote.
- Égouttez les légumes et passez-les au presse-purée en incorporant la pomme. Ajoutez le reste de beurre et mélangez.

Astuce gain de temps

N'hésitez pas à utiliser des haricots verts surgelés.

Pour les plus petits

Vous pouvez préparer cette recette pour un enfant de moins de 2 ans en mixant la semoule avec la ratatouille.

à partir de 15 mois

Semoule et ratatouille

Pour 4 portions Préparation : 15 min Cuisson : 30 min

1 petite courgette, 1/3 d'aubergine, 1 tomate, 1 petit oignon blanc, 1/4 de poivron rouge, 1/2 cuill. à soupe d'huile d'olive, 1 branche de thym, 50 g de semoule fine de couscous, 5 cl de lait de suite ou de croissance, sel, poivre

- Lavez la courgette, la tomate, l'aubergine et le poivron, épluchez-les puis coupez-les en petits dés. Épluchez et hachez l'oignon. Faites suer tout doucement tous les légumes et l'oignon dans l'huile d'olive avec la branche de thym, un peu de sel et de poivre, et laissez cuire 30 minutes.
- Faites chauffer le lait jusqu'à frémissement. Versez la semoule dans un bol et ajoutez le lait chaud. Laissez gonfler 5 minutes.
- Écrasez la ratatouille à la fourchette (plus ou moins selon que votre enfant accepte les petits morceaux) et servez avec la semoule.

Purée de pois cassés

à partir de 15 mois

Pour 4 portions Préparation : 15 min Trempage : 2 h Cuisson : 1 h

150 g de pois cassés, 1 fine tranche de poitrine fumée, 20 g de beurre, 1 feuille de laurier, 2 branches de thym

- Faites tremper les pois cassés 2 heures dans de l'eau froide. Rincez-les et égouttez-les.
- Versez-les dans une casserole, ajoutez le laurier, le thym et la poitrine fumée. Couvrez largement d'eau, portez à ébullition puis baissez le feu et laissez mijoter environ 1 heure.
- Ôtez le laurier, le thym et la poitrine fumée, puis écrasez les pois cassés au moulin à légumes. Incorporez le beurre, et un peu d'eau de cuisson selon la consistance désirée, et servez.

Gratin d'épinards et quinoa

à partir de 15 mois

Pour 4 portions Préparation : 15 min Cuisson : 40 min

80 g de quinoa, 200 g d'épinards surgelés, 20 g de beurre, 20 g d'emmental, 2 cuill. à soupe de chapelure, 1 filet d'huile, sel

- Rincez le quinoa, mettez-le dans une casserole et recouvrez-le de deux fois son volume en eau, salez et portez à ébullition. Baissez le feu et laissez mijoter 15 minutes environ.
- Faites cuire les épinards selon les instructions portées sur l'emballage. Incorporez-les au quinoa et ajoutez 15 g de beurre.
- Préchauffez le four à 210 °C (th. 7). Râpez l'emmental.
- Beurrez un plat à four et répartissez le quinoa aux épinards. Arrosez d'un filet d'huile, saupoudrez de fromage râpé et de chapelure, et enfournez pour 15 minutes environ, jusqu'à ce que le gratin soit bien doré.

Conseil équilibre

Pour un plat complet, ajoutez aux épinards deux œufs battus en omelette.

4
24
mois

Pour les plus petits

Vous pouvez mixer ou hacher les légumes pour obtenir la texture adaptée au goût de votre enfant.

Lasagne de légumes

Pour 4 portions Préparation : 15 min Cuisson : 35 min

2 courgettes, 1 petite aubergine, 10 petits champignons, 1 oignon, 200 g de tomates pelées, ou de sauce tomate maison, 40 cl de lait de suite ou de croissance, 20 g de parmesan, 15 g de beurre, 30 g de fécule, 10 plaques de lasagne précuites, 1 cuill. à soupe d'huile d'olive, 1 pincée de muscade râpée, sel

- Pelez et émincez l'oignon. Lavez, épluchez et détaillez les légumes en petits dés.
- Faites chauffer l'huile dans une poêle et faites-y dorer l'oignon et les légumes. Incorporez les tomates pelées et coupées en dés. Salez modérément et laissez mijoter 10 minutes.
- Préparez la béchamel : versez la fécule dans une tasse et délayez-la avec un peu de lait ; versez le reste de lait dans une casserole et faites-le chauffer ; incorporez la fécule délayée et la muscade, puis portez à ébullition ; faites cuire en remuant jusqu'à ce que le mélange épaississe puis incorporez le beurre.
- Préchauffez le four à 180/190 °C (th. 6/7).
- Déposez une couche de légumes dans un plat à four. Recouvrez de feuilles de lasagne (au besoin, coupez-les en morceaux), versez un peu de béchamel, et ainsi de suite jusqu'à épuisement des ingrédients. Terminez par la béchamel et saupoudrez de parmesan. Enfournez pour 25 minutes.

4/24 mois

Röstis de pommes de terre et poireau

à partir de 15 mois

Pour 4 portions Préparation : 10 min (à commencer la veille) Cuisson : 35 min

1 blanc de poireau, 2 belles pommes de terre, 10 g de beurre, 2 cuill. à soupe d'huile d'olive, sel

- La veille (ou quelques heures avant), faites cuire les pommes de terre à l'eau salée en les gardant un peu fermes. Le jour même, et lorsqu'elles sont bien froides, pelez les pommes de terre et râpez-les.
- Rincez le blanc de poireau et émincez-le finement. Mettez à chauffer l'huile et le beurre dans une poêle, et faites suer le blanc de poireau. Incorporez-le aux pommes de terre râpées. Déposez de petits tas du mélange pomme de terre/poireau dans la poêle et laissez dorer 5 minutes environ. Retournez chaque rösti comme une crêpe et poursuivez la cuisson de l'autre côté pendant 3 à 5 minutes. Servez chaud.

Variante

En fin de cuisson, et pour une recette plus gourmande, ajoutez des copeaux de fromage à raclette.

Croquettes de pommes de terre

à partir de 15 mois

Pour 4 portions Préparation : 15 min Cuisson : 40 min

2 pommes de terre, 1 petit œuf, 20 g de gruyère râpé, 10 g de beurre, 1 cuill. à soupe de fécule, 1 cuill. à soupe d'huile, 1 pincée de muscade râpée, sel

- Pelez les pommes de terre, lavez-les et faites-les cuire à l'eau salée pendant 30 minutes. Passez-les au moulin à légumes pour les réduire en purée. Incorporez l'œuf, la muscade, le gruyère et la fécule. Mélangez.
- Façonnez des galettes. Mettez à chauffer l'huile et le beurre dans une poêle, et faites cuire les galettes environ 5 minutes de chaque côté, jusqu'à ce qu'elles soient bien dorées.

Variante

Incorporez quelques brins d'aneth ciselés à la purée de pommes de terre et remplacez le gruyère par de la cancoillotte.

à partir de 15 mois

Coquillettes aux petits pois et au parmesan

Pour 4 portions Préparation : 5 min Cuisson : 10 min

120 g de coquillettes, 50 g de petits pois écossés surgelés, 4 brins de persil, 20 g de beurre, 10 g de parmesan, sel

- Rincez et séchez le persil.
- Portez de l'eau à ébullition dans une casserole, salez et plongez-y les coquillettes et les petits pois. Faites cuire le temps indiqué sur l'emballage (environ 10 minutes). Égouttez, puis ajoutez le beurre et mélangez bien. Selon l'âge des enfants, écrasez un peu la préparation à la fourchette.
- Parsemez de persil ciselé et de petits copeaux de parmesan, et servez.

Astuce gain de temps

Exceptionnellement, vous pouvez utiliser des petits pois en conserve à partir de l'âge de 1 an.

4
24
mois

Pour les plus petits

Vous pouvez mixer la préparation.

Variante

Vous pouvez remplacer le fromage fondu par des copeaux de parmesan.

Astuce

Ne jetez pas les parures de fenouil, vous pourrez les incorporer à un potage.

Petite poêlée de légumes

Pour 4 portions Préparation : 15 min Cuisson : 15 min

2 tomates, 2 courgettes, 1 portion de fromage fondu, 1 cuill. à soupe d'huile, sel

- Pelez les courgettes, rincez-les et coupez-les en tout petits dés. Plongez les tomates dans de l'eau frémissante pendant quelques secondes, puis rafraîchissez-les, pelez-les et coupez-les en dés.
- Faites chauffer l'huile dans une poêle et ajoutez les légumes. Faites revenir pendant 10 minutes en remuant souvent. Salez très modérément, incorporez le fromage fondu, mélangez bien et poursuivez la cuisson encore 5 minutes.
- Écrasez grossièrement à la fourchette puis servez.

Fenouil citronné

Pour 4 portions Préparation : 5 min Cuisson : 20 min

2 petits bulbes de fenouil, 1 petite pomme de terre, 1 citron, 20 g de beurre, sel

- Ôtez les tiges, la base et les feuilles extérieures des bulbes de fenouil. Lavez-les puis émincez-les. Faites-les cuire à la vapeur pendant 10 minutes environ, jusqu'à ce qu'ils soient bien tendres.
- Épluchez la pomme de terre, rincez-la et faites-la cuire à l'eau salée 20 minutes environ, jusqu'à ce qu'elle soit bien cuite.
- Écrasez grossièrement le fenouil et la pomme de terre à la fourchette, en incorporant le beurre et un filet de jus de citron. Mélangez bien et servez.

4/24 mois

Joues de porc et purée de betteraves

Pour 4 portions Préparation : 20 min Cuisson : 1 h 30

4 joues de porc, 2 betteraves moyennes cuites, 1 pomme de terre, 1 carotte, 1 petit oignon, 2 branches de thym, 4 cuill. à soupe de lait de suite ou de croissance, 1 noix de beurre, 1 cuill. à soupe d'huile, sel

- Coupez la viande en morceaux. Pelez et émincez l'oignon. Épluchez la carotte, rincez-la puis coupez-la en rondelles.
- Faites chauffer l'huile dans une cocotte et faites suer l'oignon émincé. Ajoutez la viande et les rondelles de carotte, parsemez de thym puis ajoutez un bon verre d'eau ou de bouillon. Laissez mijoter 1 heure à tout petit feu (ajoutez au besoin un peu d'eau en cours de cuisson).
- Pendant ce temps, épluchez les betteraves, coupez-les en morceaux et mixez-les. Faites cuire la pomme de terre à l'eau salée. Égouttez-la et passez-la au moulin à légumes en incorporant le lait tiède. Incorporez la purée de pomme de terre aux betteraves mixées et faites réchauffer le tout à feu doux.
- Une fois la viande bien cuite, mixez-la grossièrement avec quelques rondelles de carotte. Disposez une couche de carotte, dans des verrines ou des petits plats, puis une couche de viande et enfin recouvrez de purée de betteraves.

Pour toute la famille

Préparez cette recette en grande quantité, elle plaira à toute la famille et sera encore meilleure réchauffée.

Variante

Vous pouvez préparer cette recette avec des joues de bœuf, tout aussi tendres.

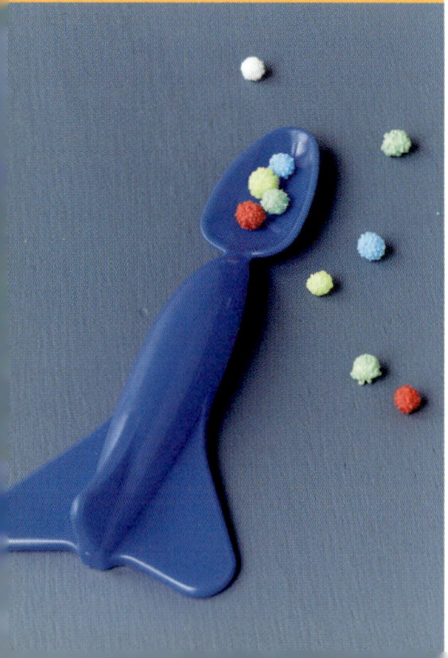

Gratin Parmentier de canard

Pour 4 portions Préparation : 20 min Cuisson : 1 h

1 belle cuisse de canard cuite, 1 blanc de poireau, 2 pommes de terre, 1 pomme type canada, 10 g de beurre, 5 cl de lait de croissance, sel

- Épluchez les pommes de terre, lavez-les et faites-les cuire à l'eau salée pendant 30 minutes. Égouttez-les puis écrasez-les au presse-purée en incorporant le lait tiède.
- Préchauffez le four à 180 °C (th. 6).
- Enlevez la peau et le gras du canard puis hachez la viande. Lavez et émincez le blanc de poireau. Pelez la pomme, ôtez le cœur et les pépins, puis coupez-la en dés.
- Mettez le beurre à chauffer dans une poêle et faites-y suer le poireau émincé. Ajoutez les dés de pommes et laissez cuire 10 minutes environ, en remuant souvent. Incorporez le canard et poursuivez la cuisson 5 minutes.
- Disposez le contenu de la poêle dans des mini-cocottes, recouvrez de purée et enfournez pour 15 minutes environ.

Blanc de volaille et écrasée de fenouil

Pour 4 portions Préparation : 15 min Cuisson : 45 min

100 g de blanc de poulet (ou de dinde), 2 pommes de terre, 1 petit bulbe de fenouil, 10 cl de lait de suite ou de croissance, 2 noix de beurre, 1 cuill. à soupe d'huile, sel

- Pelez les pommes de terre, rincez-les et mettez-les dans une casserole. Recouvrez largement d'eau, salez et portez à ébullition puis laissez cuire 30 minutes environ.
- Épluchez le fenouil, lavez-le, coupez-le en morceaux et faites cuire à la vapeur pendant 10 minutes.
- Faites tiédir le lait. Égouttez les pommes de terre puis écrasez-les à la fourchette avec le fenouil, en incorporant le lait et le beurre.
- Coupez le blanc de poulet en fines lanières. Faites chauffer l'huile dans une poêle et faites revenir la volaille. Servez avec l'écrasée de pommes de terre et fenouil.

Variante

Remplacez le canard par du poulet ou de la pintade.

Pour les plus petits

N'hésitez pas à mixer la volaille et le fenouil une fois cuits, et à les incorporer aux pommes de terre.

4/24 mois

Pour les plus petits

Écrasez plus ou moins finement les légumes selon l'âge et le goût des enfants (vous pouvez également les passer au mixer).

Pour toute la famille

Cette recette permet de proposer à toute la famille un plat adapté aux plus jeunes enfants.

Astuce gain de temps

Ce hachis Parmentier peut se préparer avec un reste de pot-au-feu ou de rôti que vous n'aurez plus qu'à effilocher.

Boulettes de bœuf, écrasée de topinambours

Pour 4 portions Préparation : 20 min Cuisson : 35 min

150 g de bœuf haché, , 200 g de topinambours, 1 pomme de terre, 1/2 gousse d'ail, 15 g de beurre, 1/2 cuill. à café de moutarde, 1 cuill. à soupe d'huile, 1 pincée de muscade râpée, sel

- Pelez et hachez la demi-gousse d'ail. Déposez la viande hachée dans un saladier et incorporez la muscade, la moutarde et l'ail. Salez modérément, mélangez et façonnez des boulettes.
- Épluchez les topinambours et la pomme de terre, et faites-les cuire à l'eau salée pendant 30 minutes environ. Égouttez puis écrasez à la fourchette en incorporant le beurre et un peu d'eau de cuisson selon la consistance désirée.
- Faites chauffer l'huile dans une poêle et saisissez les boulettes jusqu'à ce qu'elles soient cuites et bien dorées. Servez avec l'écrasée de topinambours et pomme de terre.

Hachis de bœuf

Pour 4 portions Préparation : 25 min Cuisson : 1 h

200 g de bœuf haché, 2 pommes de terre, 1 blanc de poireau, 1 tomate, 1 branche de thym, 5 cl de crème liquide , 10 g de beurre, 1 cuill. à soupe d'huile d'olive, 1 pincée de muscade râpée, sel, poivre

- Pelez les pommes de terre, lavez-les puis mettez-les dans une casserole. Recouvrez d'eau, ajoutez le thym et portez à ébullition. Salez et faites cuire 30 minutes environ, à petits bouillons.
- Faites tiédir la crème et le beurre. Égouttez les pommes de terre puis écrasez-les au presse-purée en incorporant progressivement la crème et le beurre.
- Préchauffez le four à 180 °C (th. 6).
- Rincez le blanc de poireau puis émincez-le. Plongez la tomate quelques secondes dans de l'eau frémissante, pelez-la puis détaillez-la en petits dés. Faites chauffer l'huile dans une poêle et faites revenir le poireau émincé. Ajoutez la viande hachée, les dés de tomate, la muscade, du poivre et faites cuire 5 minutes.
- Répartissez la viande dans un plat à four et recouvrez-la de purée. Enfournez pour une vingtaine de minutes.

Variante

Vous pouvez réaliser cette mousse avec des fraises.

Pour les plus petits

Utilisez de la compote de fruits rouges à la place des fruits frais.

Variante

Vous pouvez ajouter un zeste de citron vert ou jaune dans le fromage blanc.

Mousse à la framboise

à partir de 15 mois

Pour 4 portions Préparation : 20 min Cuisson : 2 min Réfrigération : 3 h

250 g de framboises, 100 g de fromage blanc, 5 cl de crème liquide , 25 g de sucre, 2 feuilles de gélatine, menthe fraîche

- Faites tremper les feuilles de gélatine dans un bol d'eau froide.
- Rincez les framboises, gardez-en quelques-unes pour la décoration, puis mixez le reste avec le sucre pour obtenir une purée. Ajoutez le fromage blanc.
- Battez la crème très froide en chantilly. Incorporez-la délicatement à la purée de fruits.
- Versez 2 cuillerées à soupe d'eau dans une petite casserole et portez à ébullition. Lorsque le liquide frémit, faites dissoudre très rapidement les feuilles de gélatine bien essorées en mélangeant sans cesse. Ajoutez-les à la préparation.
- Répartissez la mousse dans des coupes et placez-les au réfrigérateur pendant au moins 3 heures.
- Au moment de servir, décorez avec le reste de framboises et une feuille de menthe.

Fromage blanc aux fruits rouges

Pour 4 portions Préparation : 15 min

100 g de framboises, 200 g de fraises, 200 g de fromage blanc, 20 g de sucre, 2 biscuits à la cuillère

- Rincez très rapidement les fruits et équeutez les fraises. Égouttez les fruits rouges sur un papier absorbant. Écrasez grossièrement les biscuits.
- Versez le fromage blanc dans un saladier et fouettez avec le sucre.
- Répartissez les fruits dans des coupes ou des petits bols, recouvrez de fromage blanc fouetté et terminez par les biscuits écrasés. Servez aussitôt.

Petits-suisses aux bananes

Pour 4 portions Préparation : 5 min

2 petits bananes bien mûres, 1/2 orange, 3 petits-suisses au lait infantile ou à 6 % de m. g., 2 cuill. à café de sucre (facultatif), cacao en poudre (facultatif)

- Épluchez les bananes, coupez-les en rondelles au-dessus d'un saladier puis écrasez-les à la fourchette. Pressez l'orange et versez son jus sur les bananes.
- Incorporez les petits-suisses, et éventuellement le sucre, puis mélangez.
- Saupoudrez d'un soupçon de cacao, de préférence à travers un chinois, juste avant de servir.

Panna cotta

Pour 4 portions Préparation : 10 min Cuisson : 5 min Réfrigération : 4 h

20 cl de lait de croissance ou de lait entier, 20 cl de crème liquide, 20 g de sucre , 2 sachets de sucre vanillé, 2 feuilles de gélatine, coulis de fruits rouges

- Faites tremper les feuilles de gélatine dans un bol d'eau froide pendant environ 5 minutes pour les faire ramollir.
- Versez le lait et la crème dans une casserole. Ajoutez le sucre et le sucre vanillé, mélangez et portez à ébullition. Retirez la casserole du feu, incorporez les feuilles de gélatine bien essorées en mélangeant bien.
- Répartissez la préparation dans quatre verres ou ramequins et placez-les au réfrigérateur pendant au moins 4 heures.
- Servez les pana cottas nappés de coulis de fruits rouges.

Variante

Vous pouvez remplacer le jus d'orange par du jus de citron.

Variante

Vous pouvez remplacer le coulis de fruits rouges par du coulis de mangue (à partir de 12 mois), ou une compote maison finement mixée.

4
24
mois

Flan de potiron au caramel

Pour 4 à 6 portions Préparation : 5 min Cuisson : 50 min

300 g de potiron, 1/2 citron, 2 œufs, 30 cl de lait de suite ou de croissance, 40 g de sucre en poudre, 40 g de sucre en morceaux, 1 cuill. à soupe de fécule

- Pelez le potiron et coupez-le en cubes. Faites-le cuire à la vapeur jusqu'à ce qu'il soit tendre puis mixez-le.
- Versez la purée de potiron dans un saladier. Ajoutez le sucre en poudre et mélangez bien.
- Délayez la fécule dans le lait puis incorporez au mélange dans le saladier. Ajoutez les œufs battus.
- Préchauffez le four à 160 °C (th. 5/6).
- Préparez le caramel : déposez les morceaux de sucre et 1 cuillerée à soupe d'eau dans une casserole, mettez sur le feu et laissez cuire jusqu'à l'obtention d'une belle couleur dorée ; arrêtez la cuisson avec un filet de jus de citron.
- Caramélisez un moule. Versez-y la préparation, enfournez pour 40 minutes environ. Laissez refroidir avant de servir tiède ou très frais.

Variante

à partir de 15 mois

Remplacez le lait par du lait de coco.

4/24 mois

Variante

Vous pouvez remplacer le miel par un peu de sucre vanillé ou de sirop d'érable.

Variante

Remplacez la gelée de fruits par du miel liquide ou du sucre vanillé.

Fromage frais au jus de clémentine

Pour 4 portions Préparation : 5 min

1 clémentine, 50 g de fromage blanc à 6 % de m. g., 2 petits-suisses au lait infantile ou au lait entier, 2 cuill. à café de miel liquide

- Versez le fromage blanc et les petits-suisses dans un saladier et détendez-les au fouet.
- Coupez la clémentine en deux, pressez-la et versez progressivement le jus dans le saladier avec le miel, tout en fouettant.

Pommes au four

Pour 4 portions Préparation : 5 min Cuisson : 30 min

4 petites pommes, 10 g de beurre, 2 cuill. à café de gelée de groseille ou de coing

- Lavez les pommes, épluchez-les puis évidez-les à l'aide d'un vide-pomme.
- Préchauffez le four à 190/200 °C (th. 6/7). Beurrez un plat et placez-y les pommes.
- Répartissez la gelée dans chaque pomme, enfournez et laissez cuire 30 minutes. Servez tiède.

Flan coco

Pour 4 portions Préparation : 15 min Cuisson : 20 min Réfrigération : 6 h

2 petits œufs, 20 cl de lait concentré sucré, 20 cl de lait entier ou de croissance, 60 g de noix de coco râpée, 2 gouttes d'extrait de vanille liquide, caramel liquide

- Cassez les œufs au-dessus d'une terrine et fouettez-les en incorporant progressivement le lait concentré. Ajoutez le lait frais et la vanille puis la noix de coco râpée et mélangez-bien.
- Préchauffez le four à 160/170 °C (th. 5/6). Nappez de caramel des moules individuels et répartissez la préparation dedans.
- Enfournez pour 20 minutes environ. Laissez tiédir puis placez au réfrigérateur au moins 6 heures avant de servir bien frais.

Semoule au lait et aux fruits

Pour 4 portions Préparation : 15 min Cuisson : 10 min Réfrigération : 2 h

50 g de semoule, 1 orange non traitée, 2 clémentines, 1 petite pomme, 50 cl de lait de suite ou de croissance, 20 g de sucre, 1 sachet de sucre vanillé, 1 cuill. à soupe de raisins secs

- Versez le lait dans une casserole, ajoutez le sucre et le sucre vanillé. Lavez l'orange et râpez son zeste au-dessus de la casserole, puis portez à ébullition.
- Pressez le jus de l'orange et recueillez-le dans un bol. Faites-y tremper les raisins pendant la cuisson de la semoule.
- Lorsque le lait frémit, versez la semoule en pluie puis remuez sur feu doux jusqu'à ce qu'elle épaississe. Épluchez les fruits et coupez-les en dés ou en rondelles. Incorporez-les à la semoule, avec les raisins égouttés.
- Versez la préparation dans des ramequins, laissez tiédir puis placez au réfrigérateur pendant 2 heures.

Conseil équilibre

Le lait concentré sucré donne du moelleux à cette recette de fête, mais il ne peut être utilisé régulièrement pour l'alimentation d'un enfant de moins de 2 ans. Si votre enfant aime beaucoup ce dessert, remplacez le lait concentré sucré par son lait habituel et 1 cuillerée à soupe de sucre.

Variante

Vous pouvez enrichir ce dessert et le transformer en gâteau en y incorporant 1 jaune et 1 blanc d'œuf battu en neige avec 40 g de poudre de noisette.
Glissez au four préchauffé à 180 °C (th. 6) pour 15 minutes.

4/24 mois

Crumble de rhubarbe

à partir de 15 mois

Pour 4 portions Préparation : 15 min Cuisson : 30 min

4 tiges de rhubarbe, 40 g de sucre, 4 sablés

- Rincez les tiges de rhubarbe, coupez-les en morceaux puis déposez-les dans une casserole. Ajoutez le sucre et faites cuire 20 minutes environ, jusqu'à ce que la rhubarbe soit bien compotée.
- Préchauffez le four à 200 °C (th. 7). Émiettez les sablés.
- Répartissez la compote dans un plat à four puis recouvrez de biscuits émiettés. Enfournez pour 10 minutes. Servez tiède.

Variante

Remplacez les sablés par des biscuits type spéculoos.

Chocolat chaud à la vanille

Pour 4 portions Préparation : 10 min Cuisson : 10 min

80 g de chocolat noir, 40 cl de lait de croissance , 5 cl de crème liquide , 1/2 gousse de vanille

- Versez le lait et la crème dans une casserole. Grattez la gousse de vanille au-dessus de la casserole pour récupérer les graines, puis déposez la gousse dans la casserole. Portez à ébullition, ôtez la casserole du feu, couvrez et laissez infuser 5 minutes. Ôtez la gousse de vanille.
- Hachez le chocolat au couteau puis incorporez-le dans le lait et la crème. Fouettez vivement puis remettez la casserole sur le feu et laissez cuire 5 minutes à feu doux.

Variante

Vous pouvez remplacer la vanille par un zeste d'orange (non traitée), que vous ferez infuser dans le lait et la crème.

4
24
mois

Variante

Vous pouvez remplacer une pomme par une poire conférence ou comice.

Pour les plus petits

Selon l'âge de vos enfants, vous écraserez plus ou moins les biscuits.

Compote de pommes

Pour 4 portions Préparation : 5 min Cuisson : 15 min

5 pommes, 1 pincée de cannelle (facultatif), 1 cuill. à café de miel

- Épluchez les pommes, ôtez le cœur et les pépins puis coupez-les en cubes.
- Mettez-les dans une casserole, ajoutez le miel, saupoudrez de cannelle et faites-les cuire 15 minutes environ jusqu'à ce qu'ils soient bien tendres.
- Écrasez à la fourchette ou passez au mixer selon la consistance désirée.

Compote pêches-abricots biscuitée

Pour 4 portions Préparation : 5 min Cuisson : 15 min

2 abricots bien mûrs, 2 pêches jaunes, 1 cuill. à café de miel, 2 biscuits à la cuillère ou 2 petits-beurre

- Lavez les abricots, dénoyautez-les et coupez-les en morceaux. Rincez et épluchez les pêches, ôtez les noyaux et détaillez-les en dés. Mettez le tout dans une casserole avec le miel et faites cuire 15 minutes environ en remuant de temps en temps, jusqu'à ce que les fruits soient bien tendres.
- Mixez les fruits pour obtenir une compote, puis incorporez les biscuits grossièrement écrasés. Servez tiède ou froid.

Gâteau au yaourt, au citron et aux fruits

à partir de 15 mois

Pour 1 gâteau Préparation : 15 min Cuisson : 30 min

1 citron non traité, 1 pêche, 2 œufs, 1 yaourt, 1/2 pot de yaourt de sucre, 2 pots de farine, 1/2 paquet de levure chimique, 3/4 de pot d'huile

- Versez le yaourt dans un saladier et fouettez-le avec le sucre et les œufs entiers.
- Mélangez la farine et la levure dans un bol. Incorporez-les progressivement dans le mélange au yaourt, puis versez l'huile et mélangez pour obtenir une pâte homogène.
- Préchauffez le four à 180 °C (th. 6).
- Lavez le citron, prélevez son zeste, hachez-le et incorporez-le à la pâte. Coupez le citron en deux, recueillez 1 cuillerée à soupe de jus et ajoutez-le dans la pâte. Pelez la pêche, dénoyautez-la et coupez-la en dés que vous ajouterez délicatement à la préparation.
- Versez dans un moule à manqué, enfournez pour 30 minutes environ. Servez tiède ou froid.

Variante

Vous pouvez réaliser ce gâteau avec d'autres fruits de saison (abricots, pomme, poire, prunes…) ou remplacer le zeste de citron par un zeste d'orange.

Poire aux perles du Japon

à partir de 15 mois

Pour 4 à 6 portions Préparation : 15 min Cuisson : 15 min Réfrigération : 2 h

40 g de perles du Japon (tapioca), 1 poire , 40 cl de lait de suite ou de croissance (ou moitié lait de coco, moitié lait), 20 g de sucre roux, 1/2 gousse de vanille

- Versez le lait dans une casserole, ajoutez la vanille et le sucre. Portez à ébullition, versez le tapioca en pluie, puis remuez et laissez cuire une dizaine de minutes en remuant très souvent.
- Pelez la poire, épépinez-la et coupez-la en petits dés. Ajoutez-les dans la casserole et poursuivez la cuisson 5 minutes.
- Retirez la gousse de vanille et répartissez le tapioca dans des ramequins ou des petites coupes.
- Laissez tiédir puis placez au réfrigérateur au moins 2 heures. Servez frais.

Variante

Vous pouvez remplacer la poire par des morceaux de mangue.

bertille

2·6

Pour les petits
de 2 à 6 ans

2
6
ans

Lorsque votre enfant a 2 ans, le pédiatre vous dit qu'il peut manger comme les grands. Cela signifie qu'il n'a plus de contraintes physiologiques, qu'il est capable de se nourrir seul. En revanche, pour que l'équilibre alimentaire soit respecté, les produits tels que pizzas, viennoiseries, hamburgers, bonbons... seront apportés en quantités limitées.

De 3 à 6 ans, ce sont les années Maternelle. L'enfant mange alors sans aucune aide et sait parfaitement dire s'il a faim ou non, ou s'il souhaite manger un aliment en particulier. Sachez qu'il réclamera fréquemment les aliments précités. Le repas ne sera pas toujours un moment serein. Il pourra donner lieu à des épreuves de force, ce qui est déstabilisant pour les parents. Il s'agit d'un phénomène courant.

La néophobie

Elle commence vers 2 ans et se termine en moyenne vers 6-7 ans. L'enfant veut affirmer son indépendance, son opposition dans tous les domaines, y compris l'alimentation. Il se peut que vous viviez cette situation avec angoisse... ou avec calme. Quoi qu'il en soit, votre enfant vous testera. Il n'y a pas de solution miracle préconçue, mais il existe des pistes de réflexion. Certaines circonstances vont améliorer le comportement de l'enfant, comme le calme, le fait de ne pas mettre d'enjeu lors du repas, ou le fait de ne pas aboutir à un chantage tel « si tu manges ta soupe, tu pourras regarder ton dessin animé préféré ». En effet, un processus pourrait alors se mettre en place, comme le refus de manger, ou l'escalade dans le chantage. Le repas pourrait alors devenir le pire moment de la journée.

Les astuces pour réguler l'appétit de votre enfant

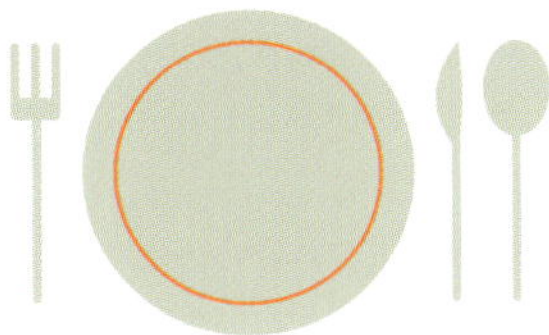

Si votre enfant mange peu

Il a toujours eu un petit appétit, mais à partir de l'âge de 2 ans le phénomène s'est amplifié. Cela vous inquiète, d'autant plus que l'entourage ajoute de l'angoisse en le comparant à d'autres enfants, ou tout simplement en parlant de la petite quantité mangée !

Si le comportement alimentaire de votre enfant n'a pas de conséquence sur sa croissance, ne vous inquiétez pas ! L'idéal est de stimuler votre enfant sans le forcer, en lui faisant faire des découvertes d'aliments par le biais du jardinage, du marché, ou de la confection des repas.

Si votre enfant mange beaucoup

Il est nécessaire de lui mettre des limites. Il a toujours faim, il veut souvent être resservi. C'est source d'inquiétude, car on parle beaucoup de l'obésité. Prenez du recul par rapport à cette crainte : tout enfant n'est pas candidat à l'obésité ! Dans les recettes, nous vous proposons des portions types : elles paraîtront importantes à un petit appétit et légères à un bon mangeur. Si votre enfant a toujours besoin de manger de belles assiettes, vous pouvez lui ajouter sans aucun souci des légumes et des fruits.

L'ATELIER CUISINE

Il se fera toujours avec l'aide d'un adulte

Faire la cuisine avec son enfant est un moment de relation privilégiée avec lui. C'est l'occasion de transmettre une tradition culinaire familiale, de montrer comment choisir fruits et légumes, etc.

Par ailleurs, les activités de cuisine permettent à l'enfant d'être actif par rapport à son repas, et cela facilite souvent un comportement alimentaire plus favorable.

Les activités possibles sont :

- Faire découvrir les aliments, montrer comment se présente un légume, un fruit, des herbes aromatiques.

- Faire toucher les aliments (pétrir une pâte, couper un légume, tester la maturité d'un fruit...).

- Permettre de jouer un rôle dans la réalisation d'une recette (faire la vinaigrette, disposer des légumes dans une tarte...) ; parfumer les aliments d'épices et d'herbes aromatiques ; faire une présentation simple et originale d'un plat (verser un smoothie dans de jolis verres, ajouter une paille, par exemple).

PROPOSITION DE MENU
au quotidien

MATIN

Un bol de lait au chocolat

Tartines de pain beurrées

DÉJEUNER

Tomates cocktail au chèvre

Gratin aux deux pommes
et au jambon

Salade de fruits

GOÛTER

Pain d'épices
et un verre de lait

DÎNER

Bouillon aux vermicelles chinois

Couscous de chou-fleur

Yaourt aux fruits exotiques

PROPOSITION DE MENU
pour un pique-nique

Houmous de haricots blancs

Sandwichs à l'omelette
et tomates cerises

Smoothie

PROPOSITION DE MENU
pour un repas de fête

Petites brochettes
de boudin et pommes

Tartines de pain d'épices
au fromage de chèvre et aux poires

Tarte au Carambar®

2
6
ans

Variante

Vous pourrez, de la même manière, farcir des feuilles d'endives ou des champignons de Paris.

Tomates cocktail au chèvre

Pour 4 portions Préparation : 10 min

12 tomates cocktail, 8 brins de ciboulette, 50 g de fromage de chèvre frais, 50 g de fromage blanc, 1 cuill. à soupe d'huile d'olive, sel, poivre

- Lavez les tomates, coupez un petit chapeau puis évidez-les.
- Travaillez le fromage de chèvre frais et le fromage blanc à la fourchette. Ajoutez l'huile d'olive, le sel, le poivre et la ciboulette ciselée et préalablement nettoyée.

Farcissez les tomates de ce mélange, replacez le chapeau et servez sur un lit de salade verte.

2/6 ans

Variante

Vous pouvez couper les vermicelles en morceaux et, pour une soupe plus consistante, ajouter des dés de blancs de poulet.

Bouillon aux vermicelles chinois

Pour 4 portions Préparation : 5 min Cuisson : 10 min

4 champignons de Paris, quelques brins de coriandre fraîche, 1 poignée de vermicelles de riz, 1 tablette de bouillon de bœuf bio, poivre

- Coupez le bout terreux des champignons, rincez-les rapidement sous l'eau fraîche et émincez-les.
- Émiettez la tablette de bouillon dans une casserole, ajoutez 75 cl d'eau, poivrez légèrement et portez à ébullition. Ajoutez les champignons et laissez mijoter 5 minutes.
- Incorporez les vermicelles, ôtez la casserole du feu et laissez reposer pendant 3 à 5 minutes. Rincez, séchez et effeuillez la coriandre puis parsemez-en le bouillon avant de servir.

Velouté de courgettes

Pour 4 portions Préparation : 10 min Cuisson : 10 min

1 pomme de terre, 2 courgettes, quelques brins de coriandre, 1 portion de crème de gruyère, 1/2 tablette de bouillon de poule bio, poivre

- Épluchez la pomme de terre et rincez-la, puis coupez-la en morceaux. Ôtez les pédoncules des courgettes, épluchez-les, lavez-les et coupez-les en tronçons. Rincez, séchez et ciselez la coriandre.
- Déposez les légumes dans un autocuiseur, ajoutez la demi-tablette de bouillon puis recouvrez d'eau à hauteur.
- Fermez la cocotte et faites cuire 10 minutes environ après la mise en rotation de la soupape.
- Mixez en incorporant le fromage. Poivrez modérément, ajoutez la coriandre ciselée et servez.

Houmous de haricots blancs

Pour 4 portions Préparation : 10 min

1 petite boîte de haricots blancs au naturel, 1 gousse d'ail, 1 citron, 1 cuill. à soupe de fromage blanc, 1 cuill. à soupe de tahin (crème de sésame), 1 cuill. à soupe de graines de sésame, 2 cuill. à soupe d'huile d'olive, poivre

Rincez les haricots sous l'eau fraîche (conservez un peu de jus dans un bol) et égouttez bien.

• Pelez la gousse d'ail et émincez-la.

Placez les haricots, l'ail, le tahin et le fromage blanc dans le bol d'un robot et mixez le tout. Incorporez l'huile d'olive et un peu de jus de citron et d'eau de cuisson, jusqu'à l'obtention d'une purée assez épaisse. Ajoutez un peu de jus des haricots pour une texture plus souple. Poivrez et versez dans un plat.

• Faites légèrement griller les graines de sésame à la poêle et parsemez-en le houmous. Servez seul, ou avec du pain de campagne grillé.

2
6
ans

Pour les plus petits

L'ail cru ne sera peut-être pas apprécié par vos enfants. Supprimez-le ou faites-le cuire avant de l'incorporer aux haricots.

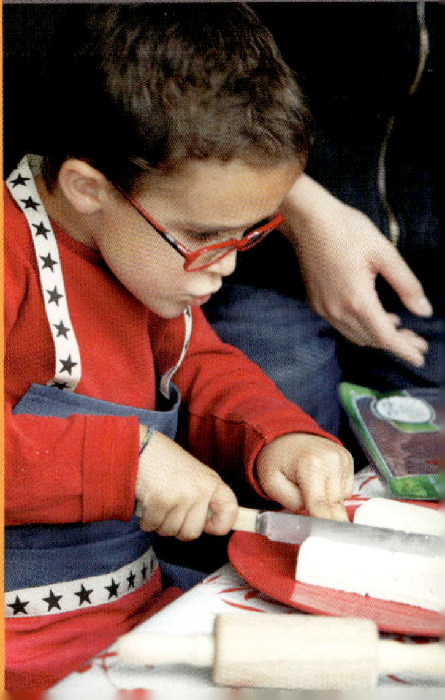

2/6 ans

Astuce

Vous pouvez également plonger la gousse de vanille dans la casserole en début de cuisson, avant de gratter les graines.

Variante

Vous pouvez remplacer la vanille par de la coriandre ciselée, saupoudrée en fin de cuisson : sa saveur se marie très bien avec celle de la carotte.

Velouté de carottes à la vanille

Pour 4 portions Préparation : 10 min Cuisson : 30 min

500 g de carottes, 1 petite pomme de terre, 1/2 tablette de bouillon de volaille, 1 gousse de vanille, 1 cuill. à soupe d'huile, poivre

- Pelez et rincez les carottes et la pomme de terre puis taillez-les en tronçons.
- Mettez l'huile à chauffer dans une casserole et faites-y revenir les morceaux de carottes et de pomme de terre. Ajoutez la demi-tablette de bouillon émiettée, recouvrez d'eau à hauteur, poivrez et portez à ébullition.
- Laissez cuire 30 minutes environ. Fendez la gousse de vanille en deux dans le sens de la longueur puis grattez les graines au-dessus de la casserole. Mixez pour obtenir un velouté et servez.

2/6 ans

Pour les plus petits

Vous pouvez réaliser cette recette avec de l'emmental, au goût plus doux.

Variante

Si vos enfants apprécient les saveurs acidulées, ajoutez un zeste de citron vert. Pour les enfants à partir de 3 ans, vous pouvez remplacer les graines de sésame par des noix de cajou.

Petite salade et croquants de parmesan

Pour 4 portions Préparation : 15 min Cuisson : 5 min

1 cœur de laitue, 1/2 cuill. à soupe de jus de citron, 50 g de parmesan en bloc, 2 cuill. à soupe d'huile d'olive, sel, poivre

• Préchauffez le four à 180 °C (th. 6).

• Lavez et essorez la salade. Versez le jus de citron dans un bol, salez, poivrez et fouettez avec l'huile.

• Râpez le parmesan puis formez des petits tas que vous disposerez sur une plaque à pâtisserie antiadhésive ou recouverte de papier cuisson. Enfournez pour quelques minutes en surveillant bien : les disques dorent très vite. Décollez-les de la plaque avec une spatule.

• Répartissez la salade dans 4 petites assiettes, assaisonnez avec la vinaigrette puis ajoutez les croquants de parmesan.

Carottes râpées à l'orange et aux graines de sésame

Pour 4 portions Préparation : 10 min Cuisson : 2 min

4 petites carottes, 1 orange non traitée, 1 cuill. à soupe de graines de sésame, 2 cuill. à soupe d'huile d'olive, sel, poivre

• Pelez et rincez les carottes puis râpez-les. Brossez l'orange sous l'eau fraîche et prélevez l'équivalent d'une demi-cuillerée à café de zeste.

Pressez la moitié de l'orange et versez le jus dans un bol. Ajoutez le zeste haché, salez, poivrez puis fouettez avec l'huile. Versez le tout sur les carottes et mélangez bien.

• Faites légèrement griller les graines de sésame à sec dans une petite poêle et parsemez-en la salade.

Salade de petites courgettes crues au citron et aux pignons

Pour 4 portions Préparation : 10 min Marinade : 30 min Cuisson : 2 min

3 ou 4 petites courgettes, 1 citron, quelques feuilles de basilic, 1 cuill. à soupe de pignons de pin, 2 cuill. à soupe d'huile d'olive, sel, poivre

• Coupez les extrémités des courgettes, épluchez-les, rincez-les puis détaillez-les en très fines rondelles (à l'aide d'une mandoline ou d'un robot).

Disposez-les joliment sur une assiette et arrosez-les de jus de citron. Salez, poivrez, arrosez d'huile d'olive et laissez mariner 30 minutes.

• Faites dorer les pignons de pin au four ou dans une poêle antiadhésive puis parsemez-en les courgettes.

Décorez de basilic et servez.

2/6 ans

Pour les plus petits

Faites cuire les courgettes quelques minutes à la vapeur pour les attendrir.

2
6
ans

Variante

Pour donner de la couleur à cette salade et réveiller l'appétit de vos enfants, vous pouvez ajouter quelques rondelles de radis, ou de fines rondelles de concombre.

Salade de champignons aux deux fromages

Pour 4 portions Préparation : 10 min

400 g de champignons de Paris, 1/2 citron, 5 brins de ciboulette, 1 cuill. à soupe de fromage blanc, 40 g de cantal jeune, 1 cuill. à soupe d'huile de noisette ou de noix, sel, poivre

• Coupez le bout terreux des champignons, rincez-les rapidement sous l'eau fraîche puis détaillez-les en lamelles au-dessus d'un saladier. Arrosez d'un peu de jus de citron. Ajoutez le cantal coupé en dés.

Versez 1 cuillerée à soupe de jus de citron dans un bol, salez, poivrez puis ajoutez le fromage blanc, l'huile et la ciboulette ciselée.

Versez cette sauce sur les champignons, mélangez bien et servez.

Salade de betteraves crues

Pour 4 portions Préparation : 10 min

2 petites betteraves crues, 1 pomme moyenne, 1/2 citron, 4 noix, 1/2 cuill. à soupe de vinaigre de cidre, 1 cuill. à soupe d'huile de noix, 1 cuill. à soupe d'huile neutre, quelques pluches de persil plat, sel, poivre

• Pelez les betteraves et la pomme, coupez-les en morceaux puis râpez-les. Déposez-les dans un saladier et arrosez-les du jus du demi-citron. Décortiquez les noix et concassez-les grossièrement. Rincez et séchez le persil.

Préparez la sauce : versez le sel dans un bol et délayez avec le vinaigre ; poivrez, ajoutez les huiles et fouettez.

Versez cette sauce sur le mélange betteraves/pommes et mélangez. Parsemez de noix concassées et de persil ciselé et servez.

2/6 ans

Salade de haricots blancs aux tomates

Pour 4 portions Préparation : 10 min

1 petite boîte de haricots blancs au naturel, 6 tomates cerises, ciboulette, 1 cuill. à soupe de fromage blanc, 2 pétales de tomate séchée, 1/2 cuill. à soupe de vinaigre, 1 cuill. à café de moutarde, 2 cuill. à soupe d'huile d'olive, sel, poivre

- Lavez les tomates cerises.
- Coupez-les en deux. Rincez, séchez et ciselez la ciboulette. Égouttez les haricots. Détaillez les pétales de tomates séchées en petits dés.
- Versez le sel, le poivre et la moutarde dans un saladier et délayez avec le vinaigre. Fouettez avec l'huile et le fromage blanc.
- Ajoutez les haricots, les tomates cerises et la tomate séchée. Parsemez de ciboulette ciselée, mélangez et servez.

Pour les plus petits

Les plus petits n'apprécieront peut-être pas la tomate séchée. Supprimez-la de la recette et, au besoin, ajoutez quelques tomates cerises.

2
6
ans

Variante

Vous pouvez remplacer l'emmental par de la tomme ou du fromage de chèvre mi-frais.

Petite salade de mâche, champignons et fromage

Pour 4 portions Préparation : 10 min Cuisson : 2 min

1 poignée de mâche, 1 dizaine de champignons de Paris, 40 g d'emmental, quelques pignons de pin, 1 cuill. à soupe de vinaigre, 2 cuill. à soupe d'huile d'olive, sel, poivre

• Coupez le bout terreux des champignons, rincez-les puis détaillez-les en lamelles. Coupez le fromage en dés.

Rincez la mâche puis essorez-la. Versez le sel et le poivre dans un saladier, délayez avec le vinaigre puis fouettez avec l'huile d'olive. Ajoutez la mâche, les champignons et l'emmental, puis remuez.

• Faites légèrement dorer les pignons de pin dans une petite poêle sans matière grasse. Parsemez-en la salade et servez.

2/6 ans

Astuce

Vous pouvez conserver les parures de fenouil pour en faire une soupe.

Salade de riz au fenouil

Pour 4 portions Préparation : 10 min Cuisson : 10 min

100 g de riz, 1 petit bulbe de fenouil, 4 tomates cerises, 1/2 poivron, 1 petite boîte de maïs, 1 cuill. à soupe de vinaigre balsamique, 3 cuill. à soupe d'huile d'olive, sel, poivre

- Faites cuire le riz à l'eau bouillante salée pendant 10 minutes. Égouttez.
- Lavez le fenouil et émincez-le finement. Lavez les tomates et coupez-les en deux. Égouttez le maïs. Pelez le demi-poivron et détaillez-le en petits dés.

Préparez la vinaigrette : dans un bol, mélangez le vinaigre balsamique, le sel et le poivre ; ajoutez l'huile d'olive en fouettant.

Mettez le riz, les légumes et la vinaigrette dans un saladier, mélangez et servez.

Salade de lentilles à la truite fumée

Pour 4 portions Préparation : 15 min Cuisson : 30 min

200 g de lentilles, 200 g de truite fumée, 1 échalote, quelques pluches d'aneth ou de coriandre, 1 cuill. à café de moutarde, 1 cuill. à soupe de vinaigre, 3 cuill. à soupe d'huile, sel, poivre

- Rincez les lentilles puis faites-les cuire dans trois fois leur volume d'eau froide pendant le temps indiqué sur l'emballage (30 minutes environ). Salez et poivrez en fin de cuisson. Gardez-les au chaud.
- Épluchez et ciselez l'échalote. Rincez et séchez les herbes. Détaillez la truite fumée en lanières.

Préparez la sauce : versez le sel et le poivre dans un saladier et ajoutez la moutarde ; délayez avec le vinaigre puis émulsionnez avec l'huile.

Ajoutez les lentilles tièdes, l'échalote et la truite fumée dans le saladier, mélangez bien, parsemez d'herbes ciselées et servez.

Salade de pâtes

Pour 4 portions Préparation : 20 min Cuisson : 30 min

120 g de pâtes sèches, 1/2 poivron rouge ou jaune, 4 tomates cocktail, 1 petite poignée de fèves fraîches ou surgelées, 10 feuilles de basilic, 8 olives dénoyautées, 1 cuill. à soupe de vinaigre balsamique, 3 cuill. à soupe d'huile d'olive, sel, poivre

- Préchauffez le four à 210 °C (th. 7).
- Portez de l'eau à ébullition, salez-la puis jetez-y les pâtes. Faites-les cuire le temps indiqué sur l'emballage. Égouttez-les, versez-les dans un saladier et arrosez-les d'un filet d'huile d'olive.
- Rincez le demi-poivron, enfournez-le pour 20 minutes environ, jusqu'à ce que la peau se boursoufle et brunisse. Laissez-le refroidir, pelez-le et détaillez-le en lanières.
- Plongez les fèves dans de l'eau bouillante salée pendant 2 minutes. Égouttez et laissez refroidir. Lavez les tomates cocktail et coupez-les en deux.

Dans le saladier, ajoutez les tomates, les fèves, les olives et les lanières de poivrons.

Préparez la sauce : versez le sel et le poivre dans un bol et délayez avec le vinaigre ; émulsionnez avec l'huile d'olive et versez la sauce sur les pâtes. Parsemez de basilic rincé et ciselé, mélangez et servez.

2/6 ans

Variante

Vous pouvez remplacer les fèves par des petits pois.

2/6 ans

Conseil équilibre

Ajoutez un œuf poché afin d'en faire un plat complet.

Salade de pommes de terre aux radis et petits lardons

Pour 4 portions Préparation : 10 min Cuisson : 20 min

2 petites pommes de terre à chair ferme, 1 cœur de laitue, 12 radis, 30 g de lardons, 1 cuill. à soupe de vinaigre, 1 cuill. à soupe d'huile de noisette, 2 cuill. à soupe d'huile de soja, sel, poivre

- Faites cuire les pommes de terre à la vapeur ou à l'eau salée en les gardant un peu fermes. Laissez-les tiédir puis coupez-les en rondelles.

Pendant la cuisson des pommes de terre, lavez le cœur de laitue et essorez-le.

- Épluchez et rincez les radis puis coupez-les en rondelles. Faites revenir les lardons à sec dans une petite poêle puis égouttez-les sur un papier absorbant.

Préparez la vinaigrette : versez le sel et le poivre dans un saladier puis ajoutez le vinaigre et fouettez avec les huiles.

Réunissez tous les ingrédients dans le saladier, mélangez et servez la salade encore tiède, elle n'en sera que meilleure.

2/6 ans

Salade de pommes de terre aux sardines à l'huile

Pour 4 portions Préparation : 10 min Cuisson : 30 min

4 pommes de terre moyennes à chair ferme, le jus de 1/2 citron, quelques feuilles de laitue ou 1 petite poignée de mâche, 1 boîte de sardines à l'huile sans arêtes, 1 cuill. à soupe d'huile d'olive, sel, poivre

• Faites cuire les pommes de terre à l'eau salée pendant 25 à 30 minutes. Laissez-les tiédir, pelez-les puis coupez-les en rondelles. Rincez la salade et essorez-la.

Préparez la sauce : versez le jus de citron dans un saladier ; mélangez avec le sel et le poivre, et émulsionnez avec l'huile d'olive.

Déposez la salade dans le saladier, ajoutez les pommes de terre et les sardines bien égouttées. Mélangez et servez aussitôt.

Variante

Vous pouvez préparer cette recette avec des anchois à l'huile et ajouter quelques câpres.

2
6
ans

Variante

Si vos enfants aiment les goûts prononcés, et si vous avez la chance d'en trouver, préparez cette recette avec du brocciu corse frais.

Crudités et brousse aux fines herbes

Pour 4 portions Préparation : 15 min

4 champignons de Paris, 1 petite branche de céleri, 1 carotte, 1 petit bouquet de ciboulette, 1/2 citron, 200 g de brousse de brebis ou de vache, 1 cuill. à café d'huile d'olive, sel, poivre

• Coupez le bout terreux des champignons, rincez-les, coupez-les en deux ou en quatre et arrosez-les d'un peu de jus de citron. Effilez et rincez la branche de céleri, puis détaillez-la en petits tronçons. Épluchez la carotte, coupez-la en quatre dans la longueur puis recoupez-la en tronçons. Rincez et ciselez la ciboulette.

Placez la brousse dans un petit saladier, salez, poivrez et battez à l'aide d'une fourchette, puis incorporez la ciboulette ciselée et l'huile d'olive.

• Présentez les crudités dans un plat. Chacun les trempera dans la brousse parfumée.

2/6 ans

Variante

Vous pouvez faire légèrement griller les noix de cajou avant d'en parsemer le riz, elles seront plus croquantes et savoureuses.

Variante

Vous pouvez remplacer le cumin par un soupçon de safran.

Riz parfumé à la carotte

Pour 4 portions Préparation : 10 min Cuisson : 25 min

100 g de riz basmati, 2 carottes, 12 g de noix de cajou, 1 petit bâton de cannelle, 1 pincée de safran, 1 cuill. à soupe d'huile, sel, poivre

- Épluchez, lavez et coupez les carottes en rondelles.
- Versez l'huile dans une sauteuse et ajoutez la cannelle, le safran et le riz. Faites revenir le tout pendant 2 à 3 minutes en remuant.
- Incorporez les carottes, mouillez avec environ deux fois le volume de riz en eau et portez à ébullition. Baissez le feu et faites mijoter pendant 20 minutes. Ôtez le bâton de cannelle. Salez et poivrez.
- Concassez grossièrement les noix de cajou et parsemez-en le riz juste avant de servir.

Riz aux courgettes

Pour 4 portions Préparation : 10 min Cuisson : 20 min

150 g de riz basmati, 2 courgettes, 1 petit blanc de poireau, 2 cuill. à soupe d'huile, 1 pincée de cumin, sel, poivre

- Ôtez les extrémités des courgettes, lavez-les, épluchez-les puis détaillez-les en petits dés. Lavez le blanc de poireau, coupez-le en tronçons puis recoupez-le en lanières.
- Mettez l'huile à chauffer dans une sauteuse, ajoutez le cumin et faites revenir la julienne de poireau. Incorporez les dés de courgettes, mélangez et laissez cuire une dizaine de minutes en remuant souvent et en ajoutant au besoin un peu d'eau.
- Pendant ce temps, faites cuire le riz à l'eau bouillante salée pendant 10 minutes. Égouttez-le.
- Incorporez le riz dans la sauteuse, salez, poivrez et mélangez avant de servir.

Aubergines au riz

Pour 4 portions Préparation : 15 min Cuisson : 30 min

100 g de riz basmati, 2 aubergines, 1 petit oignon, 2 cuill. à soupe d'huile d'olive, 1/2 cuill. à café de graines de cumin, 1/2 cuill. à café de curcuma, sel, poivre

- Épluchez les aubergines et coupez-les en dés. Pelez et émincez l'oignon.
- Faites chauffer 1 cuillerée d'huile dans une poêle, ajoutez les graines de cumin et le curcuma, remuez quelques instants, puis ajoutez les dés d'aubergines et l'oignon. Laissez cuire une dizaine de minutes en remuant souvent. Réservez dans une assiette.
- Versez le reste d'huile d'olive dans la poêle, faites chauffer et ajoutez le riz ; remuez-le jusqu'à ce qu'il devienne translucide. Ajoutez les légumes, versez deux fois le volume de riz en eau, portez à ébullition, salez, poivrez puis baissez le feu et laissez mijoter 15 minutes environ, jusqu'à ce que le riz soit cuit et les aubergines bien tendres.

Riz pilaf aux poireaux

Pour 4 portions Préparation : 10 min Cuisson : 25 min

2 ou 3 poireaux, 150 g de riz, 1 cuill. à soupe d'huile, 1 noix de beurre, 1 gousse d'ail, 1/2 tablette de bouillon de volaille ou de légumes bio, sel, poivre

- Épluchez les poireaux, rincez-les soigneusement puis taillez-les en julienne (coupez-les en tronçons puis recoupez en fins bâtonnets).
- Mettez l'huile et le beurre à chauffer dans une sauteuse et ajoutez la gousse d'ail entière non pelée. Ajoutez la julienne de poireau et laissez cuire 3 à 5 minutes en remuant sans cesse. Versez le riz et remuez vivement pendant 2 minutes. Émiettez la demi-tablette de bouillon dans 30 cl d'eau frémissante et versez dans la sauteuse. Salez modérément, poivrez, puis laissez cuire une vingtaine de minutes en remuant de temps en temps.
- Ôtez la gousse d'ail et servez.

Variante

Pour faire de cette recette un plat complet, ajoutez des lamelles d'épaule d'agneau que vous aurez fait revenir dans un peu de matière grasse.

2
6
ans

Variante

Pour un risotto plus classique, vous pouvez remplacer la ricotta par du parmesan fraîchement râpé.

Risotto aux courgettes

Pour 4 portions Préparation : 10 min Cuisson : 25 min

150 g de riz à risotto, 2 courgettes, 1 poignée de petits pois écossés, 1 échalote, 20 g de ricotta, 1 noisette de beurre, 30 cl de bouillon de légumes bio, 1 cuill. à soupe d'huile d'olive, sel, poivre

- Épluchez les courgettes, lavez-les puis coupez-les en petits dés. Pelez et émincez l'échalote. Plongez les petits pois 5 minutes dans une casserole d'eau bouillante salée puis égouttez-les.
- Mettez l'huile et le beurre à chauffer dans une sauteuse et faites revenir l'échalote. Ajoutez le riz et remuez jusqu'à ce qu'il soit translucide. Mouillez avec 5 cl de bouillon et, lorsqu'il est évaporé, incorporez les dés de courgettes. Ajoutez alors le reste de bouillon frémissant louche par louche, au fur et à mesure qu'il est absorbé par le riz.
- En fin de cuisson, incorporez la ricotta, poivrez, mélangez et servez.

Spaghetti au citron

Pour 4 portions Préparation : 15 min Cuisson : 15 min

150 g de spaghetti, 1 citron non traité, 2 cuill. à soupe de crème liquide, 1 cuill. à soupe d'huile d'olive, sel, poivre

- Lavez et séchez le citron. Prélevez le zeste et hachez-le.
- Portez une grande quantité d'eau à ébullition, salez, jetez-y les spaghetti et laissez cuire le temps indiqué sur l'emballage.
- Pendant ce temps, versez la crème dans une sauteuse et faites chauffer. Ajoutez l'huile d'olive, le zeste de citron, salez, poivrez et portez à frémissement.
- Égouttez les pâtes en conservant un peu d'eau de cuisson. Versez les pâtes dans la sauteuse, mélangez et ajoutez un peu d'eau de cuisson si l'ensemble est trop sec. Servez aussitôt.

Risotto de blé aux petits légumes

Pour 4 portions Préparation : 20 min Cuisson : 25 min

150 g de blé, 100 g de champignons de Paris, 2 carottes, 1 oignon, 1 gousse d'ail, 1 petite branche de céleri, 20 g de beurre, 2 cuill. à soupe de crème liquide, 2 cuill. à soupe d'huile d'olive, sel, poivre

- Épluchez l'oignon et l'ail et émincez-les finement. Effilez la branche de céleri, lavez-la et coupez-la en petits dés. Épluchez les carottes, rincez-les et râpez-les.
- Faites chauffer 10 g de beurre et 1 cuillerée à soupe d'huile dans une sauteuse et faites suer l'oignon émincé. Ajoutez le blé et mélangez bien. Incorporez l'ail, les carottes et le céleri et faites revenir le tout pendant quelques minutes. Recouvrez de deux fois le volume de blé en eau, portez à ébullition, puis laissez cuire à feu doux et à couvert pendant 10 à 15 minutes.
- Pendant ce temps, ôtez le bout terreux des champignons, lavez-les et coupez-les en lamelles. Faites-les sauter dans le reste de beurre et d'huile à feu moyen jusqu'à ce qu'ils aient rendu toute leur eau. Incorporez-les dans la sauteuse, ajoutez la crème, mélangez bien, salez, poivrez et laissez cuire encore quelques instants avant de servir.

2/6 ans

Variante

Remplacez les carottes par une courgette ou un petit poivron. Vous pouvez également remplacer l'eau bouillante par du bouillon. Dans ce cas, ne salez pas.

Astuce gain de temps

Utilisez des champignons surgelés.

2
6
ans

Tarte aux poires et au bleu

Pour 1 tarte Préparation : 20 min Cuisson : 30 min

1 rouleau de pâte feuilletée pur beurre, 3 poires, 100 g de bleu (de Bresse, d'Auvergne, roquefort...), 100 g de fromage blanc, 50 g de crème liquide, sel, poivre

• Pelez les poires et coupez-les en lamelles.

Dans un saladier, écrasez le bleu à la fourchette et incorporez le fromage blanc et la crème. Salez modérément et poivrez.

• Préchauffez le four à 180 °C (th. 6).

Déroulez la pâte dans un moule à tarte et piquez-la avec une fourchette. Répartissez le mélange de fromage sur le fond de tarte puis disposez les lamelles de poires.

• Enfournez pour 30 minutes environ et servez chaud.

Variante

Vous pouvez transformer cette tarte en quiche en incorporant deux œufs battus.

2/6 ans

Conseil équilibre

Terminez le repas avec une salade de fruits frais ou une compote de pommes maison.

Astuce gain de temps

Utilisez une pâte à pizza toute prête.

Pizza

Pour 1 pizza Préparation : 20 min Repos : 2 heures Cuisson : 20 min

Pour la pâte : 250 g de farine, 10 g de levure de boulanger fraîche, 1 cuill. à soupe d'huile d'olive, sel

Pour la garniture : 1 courgette, 1 tomate, 1/2 poivron, 150 g de coulis de tomate, 50 g de fromage de chèvre, 50 g de bacon, 1 poignée de roquette (facultatif), 1 cuill. à soupe d'huile, sel, poivre

Délayez la levure dans 5 cl d'eau tiède. Versez la farine sur le plan de travail, ou dans un saladier, et mélangez avec le sel. Faites un puits au centre et versez la levure dissoute et l'huile. Pétrissez pendant une dizaine de minutes en incorporant 10 cl d'eau (vous pouvez également utiliser un robot muni d'un crochet) jusqu'à ce que la pâte soit élastique. Formez une boule, couvrez d'un linge et laissez reposer 2 heures environ ; la pâte doit doubler de volume.

Sur un plan de travail fariné, étalez la pâte en disque à l'aide d'un rouleau à pâtisserie lui aussi fariné, puis disposez-la sur une plaque de cuisson antiadhésive ou sur une plaque huilée.

- Lavez la courgette puis émincez-la finement. Lavez la tomate et détaillez-la en dés. Rincez et pelez le demi-poivron puis coupez-le en fines lanières. Coupez le fromage et le bacon en dés. Préchauffez le four à 210 °C (th. 7).

Étalez le coulis de tomate sur la pâte à pizza. Répartissez la courgette, les dés de tomate, les lanières de poivron et les dés de chèvre et de bacon.

- Salez modérément, poivrez puis enfournez et laissez cuire 20 minutes environ.

Lavez et essorez la roquette. Parsemez-en la pizza, arrosez d'un filet d'huile et servez.

Petites quiches aux épinards et au fromage de chèvre

Pour 4 portions Préparation : 20 min Cuisson : 20 min

120 g de pâte brisée (soit 1/2 pâte brisée industrielle), 100 g d'épinards surgelés, 2 œufs, 40 g de bûche de chèvre, 1 à 2 cuill. à soupe de crème liquide, sel, poivre

• Préchauffez le four à 210 °C (th. 7). Étalez la pâte brisée avec un rouleau à pâtisserie.

Garnissez-en quatre moules à tartelettes et piquez le fond avec une fourchette.

• Faites cuire les épinards selon le mode de préparation indiqué sur l'emballage puis égouttez-les bien.

Répartissez les épinards sur les fonds de pâte.

Battez les œufs avec la crème, salez et poivrez puis versez sur les épinards. Répartissez le fromage coupé en petits dés.

• Enfournez et laissez cuire 20 minutes environ.

2/6 ans

Variante

Vous pouvez remplacer le fromage de chèvre par des rondelles de saucisse, des petits dés de jambon ou du comté.

2/6 ans

Astuce gain de temps

Vous pouvez utiliser des petits moules en silicone (type moule à muffins). Il est inutile de les beurrer et les petits moelleux se démouleront très facilement.

Petits moelleux aux poireaux et saumon fumé

Pour 4 portions Préparation : 10 min Cuisson : 20 min

2 petits œufs, 2 poireaux, 30 g de chutes de saumon fumé, 30 g de beurre, 4 cl de crème liquide, 1 cuill. à soupe de farine complète, 6 noisettes, sel, poivre

- Préchauffez le four à 180 °C (th. 6). Concassez grossièrement les noisettes.
- Épluchez les poireaux, rincez-les et coupez-les en tronçons puis recoupez-les en lanières. Faites-les revenir dans une noisette de beurre.

Cassez les œufs dans un saladier et battez-les à la fourchette. Incorporez la crème et la farine tout en fouettant. Ajoutez le saumon fumé. salez très légèrement (le saumon l'étant déjà), poivrez et mélangez bien.

Beurrez quatre ramequins individuels et versez-y la préparation.

- Enfournez pour 20 minutes environ. Laissez tiédir puis démoulez sur chaque assiette et parsemez de noisettes.

2/6 ans

Pour les plus petits

Si vos enfants ont moins de 3 ans, utilisez de la poudre de noisette au lieu des noisettes concassées.

Astuce

Utilisez de préférence du cantal jeune, un cantal un peu plus vieux risquant d'être piquant pour les papilles des petits.

Tartines croustillantes au cantal et aux champignons

Pour 4 portions Préparation : 15 min Cuisson : 8 min

4 tranches de pain de campagne, 2 tranches de jambon cuit, 100 g de champignons de Paris, 60 g de cantal jeune, 10 g de beurre, 6 noisettes, 1 cuill. à soupe d'huile de noisette, sel, poivre

- Nettoyez les champignons puis émincez-les. Faites fondre le beurre dans une poêle et faites suer les champignons pendant 5 minutes en remuant. Salez, poivrez et réservez.
- Préchauffez le four à 210 °C (th. 7).
- Coupez le cantal en lamelles avec un couteau économe. Concassez les noisettes et coupez les tranches de jambon en deux.

Disposez un morceau de jambon sur chaque tranche de pain, répartissez les champignons et les lamelles de cantal et parsemez de noisettes concassées.

- Enfournez les tartines le temps que le fromage fonde. Au moment de servir, arrosez d'un filet d'huile de noisette.

2/6 ans

Variante

Vous pouvez parsemer les tartines de graines de sésame.

Tartines de pain d'épices au fromage de chèvre et aux poires

Pour 4 portions Préparation : 10 min Cuisson : 5 min

4 tranches de bon pain d'épices, 1 poire, 1 crottin de chèvre, 1 cuill. à café de miel, sel, poivre

- Pelez la poire, ôtez le cœur et les pépins et coupez-la en petits dés. Coupez le crottin en quatre dans l'épaisseur afin de former quatre disques. Préchauffez le gril du four.

- Répartissez les dés de poire sur les tranches de pain d'épices puis recouvrez avec un disque de crottin. Ajoutez une touche de miel.

- Salez, poivrez et disposez les tartines sur une plaque antiadhésive.

- Enfournez et laisser griller quelques instants, jusqu'à ce que le fromage soit doré.

2
6
ans

Cake aux poireaux et aux noisettes

Pour 1 cake Préparation : 30 min Cuisson : 45 min

3 œufs, 3 poireaux, 2 oignons moyens, 50 g de feta, 10 g de beurre, 10 cl de lait, 100 g de farine blanche, 50 g de farine complète, 1 sachet de levure chimique, 50 g de noisettes concassées, 3 cuill. à soupe d'huile d'olive, sel, poivre

- Épluchez les poireaux, rincez-les, coupez-les en tronçons puis recoupez-les en fines lanières. Pelez les oignons et coupez-les en rondelles.
- Faites chauffer 1 cuillerée à soupe d'huile et le beurre dans une poêle et faites revenir les oignons et les poireaux pendant 10 minutes à feu moyen, en remuant souvent.
- Préchauffez le four à 180 °C (th. 6).

Versez les farines dans un saladier et mélangez avec la levure. Incorporez les œufs entiers, le lait tiède et le reste d'huile. Mélangez puis ajoutez la feta détaillée en dés, les noisettes, les poireaux et les oignons. Salez et poivrez.

- Versez la préparation dans un moule à cake puis enfournez pour 35 minutes environ.

Astuce gain de temps

Vous pouvez préparer ce cake en plus grande quantité et le congeler. Il sera bienvenu à l'occasion d'un apéritif improvisé.

Variante

Ajoutez du jambon blanc coupé en dés.

Chaussons poireaux-fromage

Pour 4 portions Préparation : 10 min Cuisson : 30 min

2 petits poireaux, 50 g de brie, 10 g de beurre, 2 feuilles de pâte filo, 1 filet d'huile d'olive, 1 pincée de muscade râpée, sel, poivre

- Épluchez et lavez les poireaux puis taillez-les en julienne. Découpez le fromage en fines tranches.
- Mettez l'huile à chauffer dans une poêle et faites-y revenir les poireaux pendant 15 minutes en remuant de temps en temps. Salez, poivrez et ajoutez la muscade.
- Préchauffez le four à 180 °C (th. 6). Coupez chaque feuille de pâte filo en deux, étalez-les sur le plan de travail, badigeonnez-les de beurre fondu, puis répartissez la fondue de poireaux et les tranches de fromage au centre de chaque morceau.
- Repliez la pâte pour former des petits chaussons et déposez-les dans un plat beurré. Enfournez pour 15 minutes, jusqu'à ce que les chaussons soient dorés.

Soufflés aux carottes

Pour 4 à 6 portions Préparation : 15 min Cuisson : 30 min

4 œufs, 400 g de carottes, 12 cl de lait, 40 g de beurre, 20 g de fécule de maïs ou de farine, sel, poivre

- Épluchez les carottes, coupez-les en morceaux puis faites-les cuire à la vapeur 10 minutes environ. Lorsqu'elles sont cuites, passez-les au moulin à légumes ou au mixer pour obtenir une purée.
- Séparez les blancs des jaunes d'œufs. Faites fondre le beurre (gardez une noisette pour beurrer les moules) dans une casserole, puis ajoutez la fécule et le lait et faites épaissir sur feu doux. Salez, poivrez, puis incorporez la purée de carottes et les jaunes d'œufs.
- Préchauffez le four à 190/200 °C (th. 6/7).
- Battez les blancs en neige et incorporez-les à la préparation. Répartissez dans des petits moules beurrés et enfournez pour 15 minutes environ. Servez aussitôt.

2/6 ans

Pour les plus petits

Préparez cette recette avec de la pâte feuilletée (comptez 100 à 120 g de pâte), ceci pour éviter les « fausses routes » avec la pâte filo qui s'émiette facilement et de façon agressive.

Variante

Vous pouvez enrichir ces soufflés avec 30 g de parmesan ou d'emmental râpé.

Astuce gain de temps

Vous pouvez utiliser une purée de légumes toute prête (au rayon frais ou surgelé).

2/6 ans

Variante

Pour un plat plus complet et plus corsé en goût, ajoutez quelques dés de bleu d'Auvergne.

Œufs en tomate

Pour 4 portions Préparation : 15 min Cuisson : 20 min

4 œufs, 4 tomates, 1 gousse d'ail, 10 g de beurre, 1 cuill. à soupe d'huile d'olive, quelques brins de ciboulette, sel, poivre

- Préchauffez le four à 180 °C (th. 6).
- Lavez les tomates, coupez un chapeau puis creusez-les pour ôter la chair et les pépins sans abîmer la « coque » (vous pouvez utiliser la chair pour préparer une sauce). Rincez et séchez la ciboulette. Frottez un plat à four avec la gousse d'ail pelée puis beurrez-le. Émincez le reste d'ail.
- Cassez un œuf dans chaque tomate, salez, poivrez, ajoutez un peu de ciboulette et d'ail. Disposez les tomates dans le plat, arrosez d'huile et enfournez pour 20 minutes environ.

2
6
ans

Variante

Vous pouvez utiliser des petits pains aux céréales ou au sésame ou, pour les plus grands, de la baguette. Vous pouvez remplacer la laitue par de la mâche.

Variante

Si vos enfants l'apprécient, ajoutez une petite gousse d'ail hachée aux champignons.

Astuce gain de temps

Vous pouvez utiliser des champignons de Paris émincés surgelés.

Sandwichs à l'omelette

Pour 4 portions Préparation : 10 min Cuisson : 5 min

4 œufs, 4 feuilles de laitue, 2 pétales de tomate séchée, 40 g de mozzarella, 10 g de beurre, 8 petites tranches de pain de campagne, 1 cuill. à soupe de tapenade verte (facultatif), sel, poivre

Lavez la salade et essorez-la.

• Coupez la tomate séchée en petits dés. Détaillez la mozzarella en bâtonnets.

• Battez les œufs en omelette, salez et poivrez. Faites chauffer le beurre dans une poêle et versez les œufs. Faites cuire l'omelette puis faites-la glisser sur une assiette et coupez-la en quatre. Laissez tiédir.

Tartinez quatre tranches de pain de tapenade puis répartissez les morceaux d'omelette, la tomate séchée, la mozzarella et la salade. Fermez les sandwichs avec le reste du pain et servez-les accompagnés d'un jus de tomate.

Omelette aux champignons

Pour 4 portions Préparation : 20 min Cuisson : 15 min

4 œufs, 200 g de champignons de Paris, persil plat, 10 g de beurre, 1 cuill. à soupe de lait, 1 cuill. à soupe d'huile, sel, poivre

• Coupez les bouts terreux des champignons, rincez-les rapidement puis émincez-les. Rincez et ciselez le persil.

• Mettez l'huile et le beurre à chauffer dans une poêle et ajoutez les champignons. Laissez colorer puis faites mijoter 10 minutes environ.

• Cassez les œufs, salez, poivrez et ajoutez le lait. Battez-les en omelette puis versez-les dans la poêle. Faites chauffer sur feu vif tout en mélangeant avec une fourchette pour saisir l'omelette. Poursuivez la cuisson à feu moyen, pliez l'omelette, parsemez de persil ciselé et servez.

Œufs cocotte aux herbes et aux poireaux

Pour 4 portions Préparation : 10 min Cuisson : 15 min

4 œufs, 40 g de lardons, 2 poireaux, quelques brins de ciboulette, 10 g de beurre + 1 noisette pour les moules, 10 cl de crème liquide, poivre

- Épluchez les poireaux, rincez-les et coupez-les en tronçons puis recoupez-les en lanières. Faites fondre le beurre dans une poêle et faites-y revenir les poireaux.
- Versez la crème dans une casserole, ajoutez les lardons, poivrez légèrement et faites chauffer. À ébullition, ôtez la casserole du feu et laissez infuser 10 minutes. Filtrez la crème.
- Préchauffez le four à 180 °C (th. 6). Rincez et ciselez la ciboulette.
- Beurrez quatre mini-cocottes et répartissez les poireaux. Cassez un œuf par-dessus, versez la crème parfumée et parsemez d'un peu de ciboulette. Fermez les cocottes et enfournez au bain-marie pour 6 à 8 minutes.
- Juste avant de servir, parsemez du reste de ciboulette.

Variante

Vous pouvez remplacer les poireaux par des épinards.

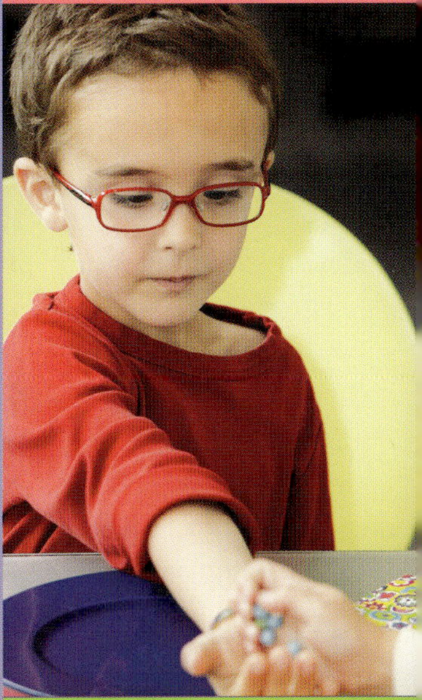

Soufflé au fromage

Pour 4 à 6 portions Préparation : 20 min Cuisson : 30 min

4 œufs, 60 g d'emmental, de comté ou de beaufort râpé, 30 g de beurre + 10 g pour le moule, 25 cl de lait, 30 g de farine, 1 pincée de muscade râpée, sel, poivre

- Préparez une sauce béchamel : faites fondre le beurre dans une casserole puis ajoutez la farine en remuant ; versez le lait en fouettant pour éviter les grumeaux et faites épaissir en remuant sans cesse. Retirez la casserole du feu.
- Séparez les jaunes des blancs d'œufs. Incorporez les jaunes d'œufs un par un à la béchamel, en mélangeant bien, puis ajoutez le fromage râpé et la muscade. Salez et poivrez.
- Préchauffez le four à 210 °C (th. 7).
- Fouettez les blancs en neige et incorporez-les délicatement à la préparation au fromage. Versez dans un moule à soufflé beurré. Enfournez pour 25 minutes. Servez très chaud avec une salade verte.

Variante

Vous pouvez réaliser cette recette avec d'autres fromages, et notamment du roquefort. Au lieu d'utiliser un grand moule à soufflé, utilisez des ramequins individuels : ramenez alors la cuisson à 15 minutes.

Toasts aux œufs brouillés

Pour 4 portions Préparation : 10 min Cuisson : 5 min

4 œufs, 30 g de petites crevettes décortiquées, 4 brins de ciboulette, 10 g de beurre, 1 cuill. à soupe de crème, 2 grandes tranches de pain complet ou de campagne, sel, poivre

Cassez les œufs dans un bol, salez, poivrez et ajoutez la moitié de la ciboulette préalablement rincée et ciselée.

- Faites fondre le beurre dans une casserole puis ajoutez les œufs et remuez sans cesse jusqu'à ce qu'ils soient brouillés. En fin de cuisson, incorporez les crevettes et la crème, toujours en remuant.
- Faites griller les tranches de pain complet, coupez-les en deux puis répartissez la brouillade. Parsemez du reste de ciboulette ciselée et servez.

Variante

Vous pouvez remplacer les crevettes par des tomates séchées.

Conseil équilibre

Servez ces toasts avec une laitue ou une salade de haricots verts.

2/6 ans

Œufs à la coque et mouillettes rigolotes

Pour 4 portions Préparation : 15 min Cuisson : 10 min

4 œufs extra-frais à température ambiante, 4 asperges vertes, 1 petite tranche de jambon blanc, 1/2 baguette, 1 tranche de pain d'épices peu sucré, 1 noisette de beurre salé, sel, poivre

- Lavez les asperges et faites-les cuire 5 minutes environ à l'eau bouillante salée. Égouttez-les.
- Coupez la demi-baguette en deux dans la longueur et recoupez chaque morceau en deux ou en trois. Faites-les légèrement griller puis détaillez-les en bâtonnets. Découpez le jambon en lamelles de la même taille que les morceaux de pain et disposez-les dessus.
- Toastez le pain d'épices et taillez-le également en bâtonnets. Tartinez de beurre salé et poivrez légèrement.
- Versez de l'eau dans une casserole et faites chauffer. À ébullition, salez, plongez les œufs et laissez-les cuire 3 minutes environ après la reprise de l'ébullition.
- Placez-les dans des coquetiers, découpez un chapeau et servez avec les asperges et les mouillettes de baguette et de pain d'épices.

2/6 ans

Variante

Vous pouvez remplacer les poireaux par une belle poignée d'épinards frais que vous ferez fondre dans une noix de beurre.

Galettes de blé noir au jambon, poireaux et emmental

Pour 4 portions Préparation : 10 min Cuisson : 20 min

4 galettes de blé noir, 2 tranches de jambon blanc, 2 poireaux, 20 g d'emmental, 10 g de beurre, 1 cuill. à soupe de crème, 1 cuill. à soupe d'huile, sel, poivre

- Épluchez les poireaux, lavez-les puis émincez-les finement. Mettez l'huile à chauffer dans une grande poêle et faites suer les poireaux pendant 5 minutes en remuant. Salez, poivrez, ajoutez la crème et poursuivez la cuisson pendant 10 minutes.
- Préchauffez le four à 210 °C (th. 7).
- Découpez les tranches de jambon en lanières. Faites fondre une noisette de beurre dans une poêle et faites chauffer les galettes.

Disposez un peu de fondue de poireaux dans chaque crêpe, puis ajoutez les lanières de jambon. Salez, poivrez, roulez les crêpes et déposez-les dans un plat. Saupoudrez de fromage râpé et d'une noisette de beurre.

- Enfournez pour 5 minutes environ : le fromage doit être gratiné.

2/6 ans

Variante

N'hésitez pas à préparer cette recette avec du chou-fleur orange ou violet, ou du chou romanesco.

Chou-fleur, émiettée d'œuf dur et crème citronnée

Pour 4 portions Préparation : 15 min Cuisson : 20 min

4 œufs, 1 petit chou-fleur, 1/2 citron, quelques brins de ciboulette, 1 cuill. à soupe de crème épaisse, 1 cuill. à soupe de fromage blanc, 1 cuill. à café de moutarde, sel, poivre

- Rincez le chou-fleur et fractionnez-le en bouquets. Faites-le cuire à la vapeur pendant une dizaine de minutes.
- Placez les œufs dans une casserole avec de l'eau salée, portez à ébullition et laissez cuire pendant 10 minutes. Laissez-les tiédir.

Écalez les œufs puis passez-les à la moulinette ou écrasez-les grossièrement. Rincez et séchez la ciboulette.

Préparez la sauce : versez 1 cuillerée à soupe de jus de citron dans un bol et mélangez avec la moutarde ; ajoutez la crème et le fromage blanc, salez, poivrez et mélangez.

Disposez le chou-fleur dans les assiettes, parsemez d'œufs émiettés, nappez avec la sauce et parsemez de ciboulette ciselée.

Petits rouleaux au thon

Pour 4 portions Préparation : 15 min Cuisson : 25 min

1 petite pomme de terre, quelques brins de ciboulette, 1 œuf, 10 g de beurre fondu, 4 feuilles de brick, 1 petite boîte de thon au naturel, 2 pétales de tomate confite, 1 cuill. à soupe d'huile, sel, poivre

• Faites cuire la pomme de terre à l'eau bouillante salée ou à la vapeur, laissez-la tiédir puis pelez-la. Rincez et ciselez la ciboulette. Coupez la tomate confite en petits dés.

Écrasez la pomme de terre à la fourchette. Ajoutez le thon égoutté, l'œuf entier, la ciboulette et la tomate. Salez modérément, versez un filet d'huile, poivrez et mélangez bien.

Badigeonnez les feuilles de brick de beurre fondu à l'aide d'un pinceau puis répartissez un quart de la farce au centre de chaque feuille. Rabattez les bords et formez un rouleau.

• Préchauffez le four à 190/200 °C (th. 6/7). Disposez les rouleaux dans un plat huilé puis enfournez pour une quinzaine de minutes.

2/6 ans

Pour les plus petits

Réalisez la recette avec de la pâte à pain que vous étalerez finement, plutôt qu'avec des feuilles de brick qui, en s'émiettant, risquent de provoquer des « fausses routes » à cause des miettes un peu agressives.

2/6 ans

Quenelles de poisson

Pour 4 portions Préparation : 20 min Cuisson : 15 min

200 g de filet de poisson (merlan, saumon, julienne…), 1 œuf, 1 cuill. à soupe de crème liquide, 2 cuill. à soupe de lait, 10 g de beurre, 15 g de parmesan, farine, 1 cuill. à soupe de semoule, 1/2 tablette de court-bouillon, 1 pincée de muscade râpée, quelques pluches de persil plat, 1 cuill. à soupe d'huile d'olive, sel, poivre

- Faites dissoudre la demi-tablette de court-bouillon dans de l'eau puis portez à frémissement. Plongez-y le filet de poisson et laissez cuire 1 minute. Égouttez en conservant le court-bouillon et laissez tiédir. Effilochez le filet et placez-le dans le bol d'un robot. Ajoutez l'œuf, la muscade et la moitié du persil ; salez, poivrez et mixez le tout.
- Mettez le lait à chauffer dans une casserole. Ajoutez la semoule et faites épaissir sur feu doux en remuant. Incorporez la semoule dans la préparation au poisson, ajoutez la crème et mélangez à nouveau.
- Faites à nouveau chauffer le court-bouillon. Farinez le plan de travail et façonnez des quenelles puis plongez-les dans le court-bouillon frémissant et laissez cuire 5 minutes environ sans laisser bouillir.
- Préchauffez le four à 210 °C (th. 7). Retirez les quenelles avec une écumoire et disposez-les dans un plat à four beurré. Parsemez de parmesan râpé et arrosez d'huile. Faites gratiner 5 minutes à four chaud, parsemez du reste de persil et servez.

Conseil équilibre

Accompagnez ces quenelles d'un panaché de haricots verts et blancs.

2/6 ans

Filet de dorade aux fruits secs

Pour 4 portions Préparation : 5 min Cuisson : 5 min

200 g de filet de dorade (ou sandre, merlan…), 2 cuill. à soupe de poudre de noisette, 2 cuill. à soupe de chapelure, 2 cuill. à soupe de graines de sésame, 3 cuill. à soupe d'huile, sel, poivre

- Préchauffez le four à 180 °C (th. 6). Rincez et essuyez les filets de poisson avec du papier absorbant.

Déposez la poudre de noisette dans une assiette, et mélangez avec la chapelure et le sésame. Assaisonnez les filets de poisson et arrosez-les d'un filet d'huile. Passez-les dans le mélange noisette/chapelure/sésame pour bien les enrober et disposez-les dans un plat à four ou sur une plaque à pâtisserie huilée.

- Enfournez et laissez cuire 5 minutes environ.

Astuce

Au lieu d'acheter de la chapelure dans le commerce, préparez-la vous-même, avec vos enfants, en écrasant des restes de pain rassis ou des biscottes.

Brandade de merlan

Pour 4 portions Préparation : 15 min Cuisson : 40 min

250 g de filet de merlan, 500 g de pommes de terre type bintje, 1 gousse d'ail, quelques brins d'aneth, 1 branche de thym, 12 cl de lait, 4 cuill. à soupe d'huile d'olive, 1 pincée de muscade râpée, sel, poivre

- Épluchez les pommes de terre et lavez-les. Disposez-les dans une casserole avec la gousse d'ail et le thym, recouvrez d'eau, salez et laissez cuire 30 minutes environ. Ajoutez le poisson, ôtez la casserole du feu et laissez pocher 5 minutes.
- Faites tiédir le lait et l'huile d'olive.
- Effeuillez le poisson, ôtez les arêtes et mixez grossièrement avec la gousse d'ail puis incorporez petit à petit le lait et l'huile. Remettez le tout dans la casserole.
- Passez les pommes de terre au moulin à légumes et incorporez-les à la purée de poisson en ajoutant au besoin un peu d'eau de cuisson. Salez modérément, poivrez, ajoutez une pointe de muscade et remettez sur le feu quelques instants en remuant.
- Parsemez d'aneth rincé et ciselé et servez.

Variante

Vous pouvez remplacer le merlan par du colin ou du lieu jaune.

Pâtes au saumon fumé

Pour 4 portions Préparation : 15 min Cuisson : 25 min

150 g de pâtes sèches (papillons, tagliatelle...), 1 poireau, quelques brins d'aneth, 100 g de saumon fumé, 6 cl de crème liquide, 1 cuill. à soupe d'huile d'olive, sel, poivre

- Épluchez le poireau, lavez-le et coupez-le en tronçons puis recoupez-le en fines lanières. Détaillez le saumon fumé en dés ou en lanières.
- Mettez l'huile à chauffer dans une grande poêle et faites-y revenir le poireau. Salez, poivrez et laissez cuire 5 minutes environ. Ajoutez la crème et laissez mijoter encore 5 minutes.
- Faites cuire les pâtes à l'eau bouillante salée. Égouttez-les rapidement, en gardant un peu d'eau de cuisson, et incorporez-les aux poireaux. Ajoutez le saumon fumé, mélangez, poivrez légèrement et laissez cuire 1 minute. Si l'ensemble vous paraît un peu sec, ajoutez un peu d'eau de cuisson. Parsemez d'aneth rincé et ciselé, et servez.

Filets de merlan panés

Pour 4 portions Préparation : 15 min Cuisson : 15 min

4 petits filets de merlan, 500 g d'épinards, 1 échalote, 1 œuf, 20 g de beurre, 1 tranche de pain rassis, 4 noix, 1 cuill. à soupe d'huile, sel, poivre

- Pelez l'échalote puis émincez-la finement. Lavez et essorez les épinards.
- Faites chauffer 10 g de beurre dans une poêle et faites suer l'échalote. Ajoutez les épinards et faites-les « tomber », jusqu'à évaporation de l'eau de végétation. Salez et poivrez.
- Dans une assiette creuse, battez l'œuf avec 1 cuillerée à soupe d'eau. Décortiquez les noix et mixez-les avec le pain pour obtenir une poudre assez fine.

Rincez et essuyez les filets de merlan puis passez-les dans l'œuf battu puis dans le mélange pain/noix.

- Faites chauffer le reste de beurre et l'huile dans une poêle et faites frire les filets de merlan pendant 3 minutes environ. Servez avec les épinards.

Conseil équilibre

Si vos enfants réclament du fromage râpé sur leurs pâtes, proposez-leur un dessert à base de fruits pour compléter le repas.

Astuce gain de temps

Vous pouvez également utiliser des épinards surgelés.

Conseil équilibre

N'hésitez pas à compléter ce plat avec un peu de boulghour.

2/6 ans

Variante

Remplacez le lieu jaune par du saumon frais ou un pavé de truite (prenez soin d'ôter les arêtes, nombreuses dans la truite).

Pavés de lieu jaune en feuilles de chou

Pour 4 portions Préparation : 20 min Cuisson : 1 h

2 pavés de lieu jaune, 1/4 de chou vert, 1 échalote, 2 cuill. à soupe de crème liquide, 1/2 tablette de bouillon de volaille, 1 cuill. à café de curry en poudre, 1 cuill. à soupe d'huile, sel, poivre

- Lavez le chou, ôtez le trognon. Détachez quatre grandes feuilles et détaillez le reste en lanières. Plongez le tout dans une grande quantité d'eau bouillante salée et laissez cuire 5 minutes. Égouttez.
- Mettez l'huile à chauffer dans une sauteuse, puis faites revenir l'échalote pelée et émincée. Ajoutez les lanières de chou, la demi-tablette de bouillon émiettée, un verre d'eau et du poivre. Portez à ébullition puis laissez mijoter 45 minutes à couvert, en remuant de temps en temps.
- Coupez les pavés de lieu en deux et déposez chaque morceau sur une feuille de chou.

Dans un bol, mélangez le curry en poudre avec la crème et salez légèrement. Enduisez le lieu de crème au curry. Recouvrez de 1 cuillerée à soupe de chou et refermez les feuilles pour former des aumônières.

- Maintenez les aumônières fermées avec des piques en bois. Déposez-les dans un cuit-vapeur et faites cuire 10 minutes environ. Servez les aumônières accompagnées du reste de chou.

2/6 ans

Papillotes de poisson aux petits légumes

Pour 4 portions Préparation : 20 min Cuisson : 15 min

250 g de filet de poisson blanc (merlan, julienne, cabillaud), 1 carotte, 1 courgette, 200 g de céleri-rave, 1 citron, quelques brins de ciboulette, 2 cuill. à soupe de crème, 2 cuill. à soupe d'huile d'olive, sel, poivre

- Épluchez et lavez les légumes puis séchez-les et râpez-les. Faites-les cuire à la vapeur pendant 5 minutes.

Mettez-les dans un bol et mélangez avec la crème. Salez et poivrez.

- Rincez et séchez le filet de poisson, coupez-le en quatre. Lavez le citron et prélevez 1 cuillerée à café de zeste. Préchauffez le four à 180 °C (th. 6). Découpez quatre carrés de papier cuisson.

Posez un morceau de poisson sur chaque carré. Salez, poivrez, parsemez de zeste de citron, arrosez d'un filet d'huile et répartissez un peu de julienne de légumes. Refermez les papillotes.

- Glissez les papillotes au four pour une dizaine de minutes. Au moment de servir, parsemez de ciboulette rincée et ciselée.

Variante

Si vos enfants aiment les saveurs sucrées-salées, ajoutez un zeste et un filet de jus d'orange.

2
6
ans

Flétan à la mousseline d'avocat

Pour 4 portions Préparation : 20 min Cuisson : 15 min

250 g de filet de flétan, 2 avocats, 1 citron, persil plat, 1 noisette de beurre, 100 g de riz basmati, 2 cuill. à soupe d'huile d'olive, sel, poivre

- Coupez les avocats en deux, ôtez le noyau et retirez la chair à l'aide d'une cuillère.
- Déposez-la dans le bol d'un robot, ajoutez un filet de jus de citron, le sel, le poivre et 1 cuillerée d'huile d'olive. Mixez pour obtenir une crème homogène.
- Faites bouillir une grande quantité d'eau ; salez et versez le riz puis laissez cuire 10 minutes environ. Égouttez, assaisonnez et ajoutez le beurre.
- Essuyez le filet de flétan, coupez-le en quatre, assaisonnez, arrosez d'un filet d'huile et faites cuire à la vapeur pendant 3 à 5 minutes selon l'épaisseur.
- Versez la crème d'avocat dans une casserole et réchauffez-la à feu très doux.
- Déposez un filet dans chaque assiette, entourez de riz et de quenelles de crème d'avocat formées à l'aide de deux cuillères préalablement trempées dans l'eau chaude. Décorez de quelques pluches de persil plat rincé et séché.

Variante

Ce plat peut se préparer avec un autre poisson de votre choix.

2
6
ans

Astuce
gain de temps

Vous pouvez faire cuire l'espadon au micro-ondes. Comptez environ 2 minutes de cuisson.

Espadon mariné et boulghour

Pour 4 portions Préparation : 10 min Marinade : 30 min Cuisson : 20 min

200 g de darne d'espadon, 1 citron, 20 g de beurre, 80 g de boulghour, 1 pincée de curry en poudre, 2 cuill. à soupe d'huile d'olive, sel

- Rincez et essuyez l'espadon et disposez-le dans un plat. Arrosez de 2 cuillerées à soupe de jus de citron et d'huile, saupoudrez de curry, recouvrez d'un film alimentaire et laissez mariner au réfrigérateur pendant 30 minutes.
- Préchauffez le four à 180 °C (th. 6).
- Portez de l'eau à ébullition dans une casserole, salez et versez le boulghour. Laissez cuire 10 minutes environ (ou le temps indiqué sur l'emballage). Égouttez, ajoutez le beurre et mélangez.
- Enfournez le poisson et laissez cuire 8 minutes environ (surveillez bien la cuisson, l'espadon doit rester moelleux). Servez accompagné du boulghour.

2
6
ans

Variante

Vous pouvez remplacer les carottes par des courgettes, ou les haricots verts par des petits pois.

Variante

Vous pouvez remplacer la banane par une pomme, à la saveur moins prononcée.

Petits légumes au boulghour

Pour 4 portions Préparation : 15 min Cuisson : 30 min

2 carottes, 100 g de haricots verts, persil plat, 180 g de boulghour, 1/2 cuill. à café de graines de coriandre, 2 cuill. à soupe d'huile, sel, poivre

- Épluchez et lavez les carottes puis coupez-les en fines rondelles ou en petits dés. Équeutez et lavez les haricots verts. Rincez et séchez le persil. Concassez la coriandre.
- Mettez l'huile à chauffer dans une sauteuse et ajoutez les carottes et la coriandre. Faites cuire 5 minutes en remuant. Versez le boulghour puis recouvrez d'environ deux fois le volume en eau bouillante et laissez reprendre l'ébullition. Baissez le feu et laissez mijoter une dizaine de minutes.
- Plongez les haricots verts dans une casserole d'eau bouillante salée et faites-les cuire une quinzaine de minutes. Égouttez-les puis versez-les dans la sauteuse. Salez modérément, poivrez, mélangez, parsemez de persil et servez.

Curry d'épinards à la banane

Pour 4 portions Préparation : 10 min Cuisson : 20 min

1 banane, 500 g d'épinards surgelés, 20 g de beurre, 10 raisins secs (facultatif), 10 cl de lait de coco, 1 cuill. à soupe d'huile, 1 cuill. à café de curry en poudre, sel

- Faites décongeler et cuire les épinards selon les instructions portées sur l'emballage.
- Pelez la banane et coupez-la en rondelles. Faites chauffer le beurre et l'huile dans une poêle, saupoudrez de curry et faites revenir les rondelles de banane jusqu'à ce qu'elles soient dorées.
- Ajoutez les épinards et les raisins, versez le lait de coco, salez, mélangez bien et laissez mijoter encore 5 minutes avant de servir.

Curry doux de légumes

Pour 4 portions Préparation : 15 min Cuisson : 25 min

2 carottes, 1 poignée de petits pois, 1 pomme de terre, 1 aubergine, 10 cl de lait de coco, 1 cuill. à soupe d'huile, ½ à 1 cuill. à café de curry, sel, poivre

- Épluchez les carottes, lavez-les puis détaillez-les en dés. Pelez la pomme de terre, rincez-la et coupez-la également en petits cubes. Ôtez le pédoncule de l'aubergine, rincez-la, épluchez-la puis coupez-la en dés.
- Mettez l'huile à chauffer dans une sauteuse et ajoutez les dés de carottes, de pomme de terre et d'aubergine. Salez, poivrez, saupoudrez de curry et faites cuire 5 minutes tout en mélangeant. Versez le lait de coco puis poursuivez la cuisson pendant 20 minutes environ, jusqu'à ce que les légumes soient bien tendres.
- Pendant ce temps, plongez les petits pois dans une casserole d'eau bouillante salée et faites-les cuire 10 à 15 minutes. Égouttez-les puis incorporez-les dans la sauteuse, laissez mijoter encore quelques instants et servez.

Astuce gain de temps

N'hésitez pas à en cuisiner un peu plus :
cette recette suporte bien la congélation.

Conseil équilibre

Servez ce plat avec du poisson ou du poulet rôti.

2
6
ans

Variante

Remplacez le cerfeuil par du persil, de la ciboulette ou du basilic frais. Pour familiariser vos enfants à la saveur des épices, déposez une étoile de badiane dans chaque papillote.

Papillotes de poulet aux petits légumes

Pour 4 portions Préparation : 10 min Cuisson : 15 min

200 g de blanc de poulet, 1 courgette, 1 carotte, 50 g de pois gourmands, quelques pluches de cerfeuil, 1 cuill. à soupe de crème liquide, 1/2 cuill. à soupe de moutarde, 1 cuill. à soupe d'huile, sel, poivre

- Pelez la courgette et la carotte, rincez-les puis détaillez-les en bâtonnets. Rincez les pois gourmands.
- Portez une grande quantité d'eau salée à ébullition et plongez-y les pois gourmands. Laissez cuire 3 minutes, puis ajoutez les bâtonnets de courgette et de carotte et poursuivez la cuisson 1 minute. Égouttez.
- Préchauffez le four à 180 °C (th. 6). Coupez le blanc de poulet en quatre morceaux.

Mélangez la moutarde, l'huile et la crème dans un bol. Badigeonnez les morceaux de poulet de cette préparation et disposez-les sur quatre carrés de papier sulfurisé ou aluminium. Répartissez les légumes par-dessus, salez, poivrez et fermez les papillotes.

- Enfournez pour une dizaine de minutes. Chaque enfant ouvrira sa papillote et la parsèmera, selon son goût, de quelques pluches de cerfeuil.

Poulet sauté et riz aux petits pois

Pour 4 portions Préparation : 10 min Cuisson : 15 min

200 g de blanc de poulet, 50 g de petits pois écossés, 150 g de riz, 10 g de beurre, 1/2 tablette de bouillon de volaille bio, 1 cuill. à soupe d'huile, sel, poivre

- Émiettez la demi-tablette de bouillon dans une casserole, ajoutez un grand volume d'eau. Portez à ébullition et versez le riz ; remuez et laissez cuire 5 minutes. Ajoutez les petits pois et poursuivez la cuisson 5 minutes. Égouttez, ajoutez le beurre et gardez au chaud.
- Détaillez le blanc de poulet en lanières ; salez et poivrez.
- Mettez l'huile à chauffer dans une poêle et faites dorer les lanières de poulet de tous côtés, en remuant sans cesse pendant 3 minutes environ.
- Servez le poulet accompagné du riz aux petits pois.

Curry de poulet aux carottes

Pour 4 portions Préparation : 15 min Cuisson : 35 min

200 g de blanc de poulet, 4 carottes, 1 petit oignon, 10 cl de lait de coco, 1 cuill. à soupe d'huile, 1 à 2 cuill. à café de curry en poudre, sel

- Coupez le poulet en gros morceaux. Épluchez et lavez les carottes puis découpez-les en fines rondelles. Épluchez l'oignon et émincez-le.
- Mettez l'huile à chauffer dans une cocotte et faites suer l'oignon. Saupoudrez de curry, mélangez puis ajoutez le poulet et faites-le dorer de tous côtés.
- Ajoutez les rondelles de carottes, salez, versez le lait de coco puis laissez mijoter pendant 30 minutes environ en remuant de temps en temps (ajoutez un peu d'eau en cours de cuisson si la préparation attache).

2/6 ans

Astuce gain de temps

Utilisez des petits pois surgelés à la place des frais.

Pour les plus petits

Soyez parcimonieux dans l'utilisation du curry et choisissez un curry doux.

2/6 ans

Conseil équilibre

Servez ce tajine avec des carottes cuites à la vapeur et/ou de la semoule de couscous.

Tajine de poulet aux olives

Pour 4 portions Préparation : 20 min Marinade : 1 h Cuisson : 45 min

150 g de blanc de poulet, 2 pilons de poulet, 1 oignon, 1 gousse d'ail, 1 citron, quelques pluches de coriandre fraîche, 10 olives vertes, 1/2 cuill. à café de graines de coriandre, 1 pincée de safran, 1 cuill. à café de curcuma, 2 cuill. à soupe d'huile d'olive, sel, poivre

- Coupez le blanc de poulet en gros dés et déposez-les, ainsi que les pilons, dans un plat creux. Saupoudrez de curcuma et de safran, ajoutez les graines de coriandre écrasées, salez, poivrez, arrosez d'un filet de jus de citron et laissez mariner 1 heure. Rincez et séchez la coriandre fraîche.
- Épluchez et ciselez l'oignon et l'ail. Mettez l'huile à chauffer dans un tajine ou une cocotte et faites suer l'oignon émincé. Ajoutez les morceaux de poulet et faites-les dorer. Versez la marinade, ajoutez l'ail, couvrez d'eau à hauteur et laissez mijoter 30 minutes environ.
- Incorporez les olives puis laissez mijoter encore 15 minutes. Parsemez de coriandre ciselée et servez.

2/6 ans

Variante

Vous pouvez ajouter quelques graines de sésame en fin de cuisson.

Tajine aux pruneaux

Pour 4 portions Préparation : 25 min Trempage : 30 min Cuisson : 45 min

200 g d'épaule d'agneau, 1 oignon, 1 gousse d'ail, quelques brins de coriandre, 10 pruneaux dénoyautés, 1 cuill. à soupe de miel, 1 tablette de bouillon de volaille bio, 2 cuill. à soupe d'huile d'olive, 1 cuill. à café de gingembre, 1 cuill. à café de cannelle, 1 cuill. à café de curcuma, sel, poivre

- Faites tremper les pruneaux dans un bol d'eau tiède pendant 30 minutes. Coupez la viande en morceaux. Rincez, séchez et ciselez la coriandre. Pelez et émincez l'oignon et l'ail.
- Mettez l'huile à chauffer dans une cocotte et faites revenir l'oignon, l'ail et la viande pendant 5 minutes en remuant souvent.
- Saupoudrez de gingembre, de cannelle et de curcuma. Émiettez la tablette de bouillon dans un verre d'eau frémissante, versez dans la cocotte puis baissez le feu et laissez mijoter à couvert pendant 30 minutes.
- Salez, poivrez, ajoutez les pruneaux égouttés et le miel puis poursuivez la cuisson pendant 10 minutes.
- Parsemez d'un peu de coriandre ciselée et servez avec de la graine de couscous.

Bœuf aux carottes

Pour 4 portions Préparation : 30 min Marinade : 4 h Cuisson : 1 h

400 g de paleron ou de joue de bœuf, 2 oignons, 6 carottes, 1 gousse d'ail, 2 branches de thym, 1 feuille de laurier, 1 tablette de bouillon de volaille bio, 3 cuill. à soupe d'huile, sel, poivre

- Coupez la viande en gros cubes. Pelez les oignons puis ciselez-les. Épluchez les carottes, lavez-les et coupez-les en rondelles assez épaisses.
- Placez le tout dans un plat creux avec la gousse d'ail en chemise, le thym, le laurier, un filet d'huile, du sel et du poivre. Recouvrez d'un film et laissez mariner au réfrigérateur au moins 4 heures (ou la veille pour le lendemain). Égouttez les morceaux de viande, conservez la marinade et filtrez-la.
- Préchauffez le four à 160/170 °C (th. 5/6). Émiettez la tablette de bouillon dans un bol d'eau frémissante.
- Faites chauffer le reste d'huile dans une cocotte et faites revenir les oignons et les morceaux de viande égouttés jusqu'à ce qu'ils soient colorés. Ajoutez les carottes, la marinade filtrée et le bouillon (complétez au besoin avec un peu d'eau pour recouvrir la viande à hauteur), couvrez et laissez mijoter environ 1 heure.

Conseil équilibre

Pour un repas complet, servez avec du riz, du quinoa ou des pommes de terre vapeur.

2/6 ans

Couscous à l'agneau et au poulet

Pour 4 à 6 portions Préparation : 30 min Cuisson : 1 h

400 g d'agneau, 2 blancs ou cuisses de poulet, 2 oignons, 4 carottes, 4 petits navets, 3 courgettes, 2 tomates, 1 gousse d'ail, 200 g de semoule de couscous moyenne, 1 petite boîte de pois chiches au naturel (250 g égouttés), 2 cuill. à soupe d'huile d'olive, 1 cuill. à café de concentré de tomate, 1 cuill. à café de ras el hanout, 1 cuill. à soupe de raisins secs (facultatif), sel

- Épluchez les oignons et l'ail puis émincez-les. Coupez la viande en morceaux. Lavez les légumes, pelez-les (sauf les courgettes) puis coupez-les en tronçons.
- Mettez l'huile à chauffer dans une cocotte et faites revenir les morceaux d'agneau et les oignons. Ajoutez l'ail, le concentré de tomate et les morceaux de tomates. Parsemez de ras el hanout, salez, recouvrez d'eau et laissez mijoter 30 minutes.
- Ajoutez le poulet et le reste des légumes puis poursuivez la cuisson 30 minutes. Égouttez les pois chiches et ajoutez-les dans la cocotte 5 minutes avant la fin de la cuisson.
- Préparez la semoule selon les instructions portées sur l'emballage et incorporez-y les raisins.
- Disposez la semoule dans un plat creux ; répartissez la viande et les légumes par-dessus et arrosez d'un peu de sauce.

Variante

Vous pouvez préparer ce couscous en remplaçant le poulet par des merguez, ou des boulettes d'agneau que vous cuisinerez avec de l'agneau haché, de la mie de pain et des herbes.

2/6 ans

Variante

Remplacez la chapelure par de la poudre de fruits secs (noisette, amande...).

Croquettes de viande à la moutarde

Pour 4 portions Préparation : 15 min Cuisson : 15 min

150 g de viande de veau ou de porc, 1 œuf, 20 g d'emmental ou de comté, 5 cl de lait, 1 tranche de pain rassis, 1/2 cuill. à soupe de moutarde, 1 pincée de muscade râpée, quelques pluches de persil plat, chapelure, 1 cuill. à soupe d'huile, sel, poivre

- Ôtez la croûte du pain et faites tremper la mie dans le lait. Cassez l'œuf dans un bol et battez-le en omelette. Rincez, séchez et ciselez le persil.
- Coupez la viande en morceaux et placez-les dans le bol d'un robot avec la mie de pain essorée, la moutarde, la moitié de l'œuf battu et le fromage coupé en dés. Mixez puis incorporez la muscade et la moitié du persil, salez, poivrez et formez des boulettes.

Délayez le reste d'œuf battu avec un peu d'eau et placez-le dans une assiette creuse. Versez la chapelure dans une autre assiette.

- Passez les boulettes successivement dans l'œuf et la chapelure. Mettez l'huile à chauffer dans une poêle et faites-y cuire les boulettes. Parsemez du reste de persil ciselé et servez aussitôt.

Cordon bleu maison

Pour 4 portions Préparation : 10 min Cuisson : 10 min

4 escalopes de veau très fines, 2 tranches de jambon, 4 tranches d'emmental, 1 œuf, 10 g de beurre, 1 cuill. à soupe de farine, chapelure, 1 cuill. à soupe d'huile, sel, poivre

- Si les escalopes ne sont pas assez fines, aplatissez-les à l'aide d'un rouleau à pâtisserie.

Disposez les escalopes sur un plat. Sur chacune d'elles, déposez une demi-tranche de jambon, puis une tranche de fromage. Pliez l'escalope en deux en forme de sandwich et maintenez avec des piques.

Versez la farine dans une assiette et la chapelure dans une deuxième. Dans une troisième battez l'œuf, salez et poivrez. Roulez chaque cordon bleu dans la farine, l'œuf puis la chapelure.

- Faites chauffer le beurre et l'huile dans une poêle et ajoutez les cordons bleus. Faites-les cuire 3 à 5 minutes de chaque côté.

2/6 ans

Astuce équilibre

Associez ce plat à des légumes et faites-le suivre d'un fruit.

2/6 ans

Variante

Vous pouvez ajouter quelques rondelles de banane.

Petites brochettes de boudin et pommes

Pour 4 portions Préparation : 5 min Cuisson : 10 min

2 boudins blancs, 1 pomme, 10 g de beurre, sel, poivre

- Détaillez les boudins en rondelles. Pelez la pomme, épépinez-la et coupez-la en dés.
- Formez des brochettes en alternant rondelles de boudin blanc et dés de pomme.
- Faites fondre le beurre dans une petite casserole, retirez du feu puis salez et poivrez.
- Badigeonnez les brochettes de beurre fondu à l'aide d'un pinceau et faites-les cuire au barbecue ou sous le gril du four pendant 10 minutes, en les retournant de temps en temps et en les badigeonnant de beurre fondu.

2
6
ans

Variante

Vous pouvez préparer cette recette en mélangeant boudin noir et boudin blanc, et en incorporant de petits dés de bananes.

Pommes farcies au boudin noir

Pour 4 portions Préparation : 20 min Cuisson : 30 min

200 g de boudin noir, 4 pommes, 1 petite échalote, 2 branches de persil, 15 g de beurre, sel, poivre

- Rincez les pommes puis découpez un chapeau. À l'aide d'une cuillère, évidez-les avec précaution pour ne pas abîmer la coque. Coupez la chair des pommes et le boudin en petits dés. Épluchez l'échalote et émincez-la.
- Préchauffez le four à 180 °C (th. 6).
- Faites chauffer 10 g de beurre dans une poêle et faites suer l'échalote. Ajoutez les dés de pommes et de boudin et laissez cuire 2 minutes. Salez, poivrez et ajoutez le persil rincé et ciselé.
- Farcissez les pommes avec le mélange, disposez-les dans un plat beurré. Enfournez et laissez cuire 25 à 30 minutes. Servez chaud.

Lapin aux abricots et au blé

2/6 ans

Pour 4 portions Préparation : 10 min Cuisson : 45 min

4 râbles ou épaules de lapin, 1 oignon, 1 noix de beurre, 150 g de blé, 8 abricots secs, 1/2 tablette de bouillon de légumes bio, 1 cuill. à soupe d'huile, sel, poivre

- Épluchez l'oignon puis émincez-le. Mettez l'huile à chauffer dans une cocotte et faites suer l'oignon. Ajoutez les morceaux de lapin et faites-les dorer de tous côtés pendant 3 minutes.
- Émiettez la demi-tablette de bouillon dans 40 cl d'eau frémissante et versez dans la cocotte. Portez à ébullition puis baissez le feu, salez et faites mijoter pendant 20 minutes. Ajoutez les abricots et poursuivez la cuisson de 10 à 15 minutes.
- Pendant ce temps, faites cuire le blé à l'eau bouillante salée pendant 10 minutes. Égouttez et incorporez le beurre.
- Retirez les morceaux de lapin de la cocotte et passez les abricots au mixer avec 4 louches de bouillon. Poivrez légèrement.
- Servez le lapin accompagné du blé et nappé de sauce.

Variante

Si vous préférez, vous pouvez remplacer les abricots par des pruneaux.

2/6 ans

Courgettes farcies

Pour 4 portions Préparation : 25 min Cuisson : 55 min

100 g de viande de bœuf hachée, 100 g de chair à saucisse, 4 petites courgettes bio, 1 oignon, 1 gousse d'ail, 1 tomate, 10 g de beurre, 1 cuill. à soupe d'huile d'olive, sel, poivre

- Ôtez les pédoncules des courgettes, lavez-les et coupez-les en deux dans le sens de la longueur. Creusez-les à l'aide d'une cuillère et coupez la chair retirée en petits dés.
- Pelez et émincez finement l'oignon et l'ail. Plongez la tomate quelques instants dans de l'eau bouillante, rafraîchissez-la, pelez-la puis coupez-la en dés.
- Faites chauffer l'huile d'olive dans une poêle et faites-y suer l'oignon. Ajoutez la viande de bœuf et la chair à saucisse, ainsi que l'ail émincé. Remuez pendant quelques instants puis incorporez les dés de tomate et de courgettes. Salez, poivrez et laissez mijoter 10 minutes en remuant souvent.
- Préchauffez le four à 180 °C (th. 6).
- Remplissez les coques de courgettes avec la préparation, parsemez de noisettes de beurre, versez un peu d'eau au fond du plat, enfournez et faites cuire 35 à 40 minutes.

Variante

Vous pouvez de la même façon farcir des tomates, et remplacer la chair à saucisse par de l'agneau.

2/6 ans

Boulettes de bœuf à ma façon

Pour 4 portions Préparation : 15 min Cuisson : 5 à 8 min

200 g de viande de bœuf hachée, 1 petit oignon nouveau, 1 gousse d'ail, quelques pluches de persil, 1 petit œuf, 1 cuill. à soupe de moutarde, 2 cuill. à soupe d'huile d'olive, sel, poivre

- Pelez l'oignon et l'ail, émincez-les et les faites-les suer à la poêle dans un peu d'huile d'olive.

Placez la viande de bœuf dans un plat. Ajoutez l'œuf battu en omelette, le persil ciselé et la moutarde puis l'oignon et l'ail. Salez, poivrez et mélangez intimement tous les ingrédients. Façonnez des boulettes, en humidifiant vos mains pour que le hachis ne colle pas aux doigts.

- Faites chauffer le reste d'huile dans la poêle et faites cuire les boulettes pendant 5 minutes environ.

Variante

Vous pouvez servir ces boulettes nappées d'une sauce tomate.

2/6 ans

Hamburgers maison

Pour 4 portions Préparation : 10 min Cuisson : 5 min

200 g de viande hachée, 1 petit oignon, 1 tomate, quelques feuilles de laitue, 20 g de parmesan, 4 petits pains ronds, 1 cuill. à café de moutarde, 2 cuill. à soupe d'huile, sel, poivre

- Épluchez l'oignon et émincez-le. Faites-le dorer dans un peu d'huile.
- Déposez la viande hachée dans un saladier, ajoutez l'oignon émincé et la moutarde, salez, poivrez et mélangez bien. Façonnez quatre petits steaks. Rincez et essorez la salade.
- Lavez la tomate et coupez-la en tranches fines. Coupez des copeaux de parmesan à l'aide d'un économe. Coupez les petits pains en deux.
- Faites chauffer le reste d'huile dans la poêle et faites cuire les steaks 2 à 3 minutes sur chaque face.
- Garnissez chaque pain d'un steak, de rondelles de tomate, de parmesan et de salade, et servez.

Variante

Vous pouvez utiliser des petits pains aux céréales ou au sésame.

2
6
ans

Petits croustillants à la viande

Variante

Vous pouvez aussi hacher la viande.

Pour 4 portions Préparation : 15 min Cuisson : 20 min

100 g d'épaule d'agneau, 100 g d'épaule de veau, 1 oignon, 1 gousse d'ail, 10 g de beurre, 4 feuilles de brick, quelques olives (facultatif), 1/2 cuill. à café de ras el hanout, 1 cuill. à soupe d'huile, sel, poivre

- Détaillez la viande en lanières. Pelez l'oignon et la gousse d'ail et émincez-les.
- Mettez l'huile à chauffer dans une poêle et faites-y suer l'oignon émincé avec le ras el hanout. Ajoutez les lanières de viande et l'ail et faites cuire rapidement jusqu'à ce que la viande soit dorée.
- Préchauffez le four à 180 °C (th. 6). Faites fondre le beurre et badigeonnez-en les feuilles de brick. Répartissez la viande au centre de chacune d'entre elles et ajoutez les olives coupées en dés. Salez, poivrez et refermez la feuille de brick en forme de chausson.
- Déposez-les sur une plaque antiadhésive, enfournez et laissez cuire 15 minutes environ, jusqu'à ce que la pâte soit bien dorée.

2/6 ans

Minute de veau aux olives et aux courgettes

Pour 4 portions Préparation : 25 min Marinade : 30 min Cuisson : 25 min

200 g d'épaule de veau, 4 courgettes, 1 gousse d'ail, 1 échalote, 1 tomate, 8 olives vertes, 10 g de beurre, 1 cuill. à soupe d'huile d'olive, 1 cuill. à café de cumin, sel, poivre

- Épluchez les courgettes, rincez-les puis coupez-les en rondelles. Pelez et émincez l'échalote et l'ail.
- Découpez la viande en lamelles épaisses. Déposez-les dans une assiette, saupoudrez de cumin et laissez mariner 30 minutes.
- Mettez l'huile à chauffer dans une sauteuse et faites-y suer l'échalote. Ajoutez les courgettes et l'ail, puis la tomate, pelée et coupée en dés. Salez, poivrez, mélangez et laissez mijoter à feu doux pendant 15 minutes environ.
- Plongez les olives dans de l'eau bouillante, égouttez-les puis incorporez-les dans la sauteuse et prolongez la cuisson 2 minutes
- Dans une autre poêle faites chauffer le beurre et saisissez les lamelles de viande pendant 5 minutes en remuant. Servez le veau entouré des courgettes.

Variante

Si vous préférez, vous pouvez remplacer l'épaule de veau par de l'épaule d'agneau.

2
6
ans

Parmentier à la patate douce

Pour 4 portions Préparation : 25 min Cuisson : 1 h

200 g de viande de bœuf, 2 pommes de terre, 1 patate douce, 1 oignon, 1 gousse d'ail, 5 cl de crème liquide, 10 g de beurre, 1 pincée de paprika, 2 cuill. à soupe d'huile, sel, poivre

- Hachez la viande de bœuf (ou faites-la hacher par le boucher). Pelez l'oignon puis émincez-le.
- Faites chauffer une noisette de beurre et un filet d'huile dans une poêle et faites-y revenir l'oignon et la viande hachée. Laissez cuire pendant 5 minutes environ en remuant.
- Pelez les pommes de terre et la patate douce et lavez-les. Coupez la patate douce en deux ou trois morceaux. Faites cuire le tout à l'eau bouillante salée, avec la gousse d'ail, pendant 30 minutes.
- Préchauffez le four à 180 °C (th. 6).
- Égouttez les pommes de terre et la patate douce puis passez-les au moulin à légumes ou au presse-purée en incorporant la crème tiédie et le reste de beurre. Ajoutez un peu d'eau de cuisson si la consistance est trop épaisse. Ajoutez le paprika, salez, poivrez et mélangez.
- Répartissez la viande au fond d'un plat à four et recouvrez de purée. Enfournez pour 20 minutes environ.

Variante

Vous pouvez saupoudrer la purée d'un peu de parmesan ou de gruyère avant de faire gratiner.

2
6
ans

Variante

Pour des saveurs un peu plus prononcées, remplacez les panais par des topinambours, au délicieux petit goût d'artichaut.

Purée de panais et pomme de terre au jambon

Pour 4 portions Préparation : 10 min Cuisson : 25 min

2 petits panais, 1 ou 2 pommes de terre bintje, 1 tranche de jambon, 20 g de beurre, sel, poivre blanc

- Pelez les panais et la pomme de terre, rincez-les, coupez-les en morceaux puis faites-les cuire à l'eau bouillante salée pendant 25 minutes environ. Égouttez en conservant le jus de cuisson puis passez les légumes au presse-purée ou au moulin à légumes en incorporant plus ou moins de jus de cuisson.
- Coupez le jambon en morceaux et mixez plus ou moins grossièrement.

Incorporez le jambon à la purée de légumes, salez, poivrez légèrement, ajoutez le beurre, mélangez et servez.

Bananes au jambon

Pour 4 à 6 portions Préparation : 10 min Cuisson : 20 min

4 bananes, 200 g de jambon blanc, 30 g d'emmental, 10 g de beurre, 2 cuill. à soupe de yaourt brassé, 1 cuill. à soupe de crème liquide, 2 cuill. à soupe de moutarde, sel, poivre

- Préchauffez le four à 180 °C (th. 6). Épluchez les bananes puis détaillez-les en rondelles. Coupez le jambon en lamelles épaisses. Râpez l'emmental.

Beurrez un plat à four et répartissez les rondelles de bananes et le jambon.

Dans un bol, mélangez la moutarde avec le yaourt, la crème, une pincée de sel et le poivre. Versez ce mélange dans le plat puis saupoudrez d'emmental râpé.

- Enfournez pour 20 minutes environ.

2/6 ans

Chou rouge au jambonneau, pomme et raisins

Pour 4 portions Préparation : 20 min Cuisson : 1 h 10

1 jambonneau cuit, 1/2 chou rouge, 1 oignon, 1 pomme, 10 g de beurre, 1 cuill. à soupe de raisins secs, 1 cuill. à soupe de miel, 3 cl de vinaigre de cidre, 1 cuill. à soupe d'huile, sel, poivre

- Ôtez le trognon du chou, lavez-le et détaillez-le en lanières. Portez une grande quantité d'eau à ébullition puis plongez-y le chou. Laissez reprendre l'ébullition puis égouttez.
- Faites tremper les raisins secs dans un peu d'eau tiède. Pelez l'oignon et émincez-le. Épluchez la pomme puis coupez-la en lamelles épaisses.
- Faites chauffer le beurre et l'huile dans une cocotte. Ajoutez les oignons émincés et laissez dorer 2 minutes. Incorporez les lanières de chou et le miel. Salez, poivrez, mouillez avec le vinaigre de cidre et un demi-verre d'eau et laissez cuire 30 minutes à feu doux en remuant de temps en temps.
- Ajoutez les lamelles de pommes et les raisins égouttés et poursuivez la cuisson pendant 30 à 35 minutes. Incorporez le jambonneau coupé en quatre, 15 minutes avant la fin de la cuisson.

Astuce gain de temps

N'hésitez pas à préparer ce plat la veille : il se réchauffe très bien.

2
6
ans

Astuce gain de temps

Les proportions de cette recette étant assez importantes, vous pourrez servir le reste de filet mignon réchauffé ou froid, accompagné éventuellement de cornichons.

Variante

Si vos enfants n'aiment pas le piquant de la moutarde, vous pouvez utiliser du ketchup.

Filet mignon de porc au four

Pour 4 portions Préparation : 15 min Cuisson : 15 min

1 petit filet mignon, 1 oignon, 2 cuill. à soupe de moutarde, 2 branches de thym, 1 filet d'huile, sel, poivre

- Préchauffez le four à 150 °C (th. 5).

Enduisez la viande de moutarde de tous côtés, puis parsemez de thym effeuillé et ajoutez l'oignon pelé et émincé. Salez et poivrez.

- Huilez un plat à four et déposez-y le filet mignon. Enfournez et laissez cuire 15 minutes environ. Enveloppez la viande d'un papier aluminium et laissez le rôti dans le four éteint encore une dizaine de minutes pour achever la cuisson.

Hot dogs maison

Pour 4 portions Préparation : 15 min Cuisson : 5 min

4 saucisses de Francfort, 1 poignée de mâche, 1 baguette, 1 cuill. à soupe de moutarde, 1 cuill. à soupe d'huile, sel, poivre

- Versez de l'eau dans une casserole et portez à ébullition. Plongez-y les saucisses, ôtez la casserole du feu et laissez pocher 5 minutes.

Rincez la mâche et essorez-la. Assaisonnez-la avec l'huile, un peu de sel et de poivre.

- Coupez la baguette en quatre morceaux, puis ouvrez-les pour formez quatre sandwichs. Faites-les légèrement toaster au four.

Tartinez-les de moutarde puis insérez une saucisse dans chaque morceau de pain. Répartissez la mâche, refermez et servez.

Pommes de terre farcies au jambon et au fromage

Pour 4 portions Préparation : 20 min Cuisson : 20 min

1 tranche de jambon, 4 petites pommes de terre, quelques brins de ciboulette, 1 œuf, 1 fromage type Carré frais®, 20 g de parmesan, 10 g de beurre, 2 cuill. à soupe d'huile d'olive, sel, poivre

• Faites cuire les pommes de terre à l'eau ou la vapeur en les gardant un peu fermes. Coupez-les en deux dans le sens de la longueur. Creusez délicatement la chair sans abîmer la peau.

Déposez la chair dans un saladier, puis écrasez-la à la fourchette. Ajoutez le jambon coupé en petits dés, l'œuf battu et la ciboulette ciselée et préalablement rincée (gardez-en un peu pour la décoration). Incorporez le fromage frais, salez modérément, poivrez et versez un filet d'huile. Mélangez.

• Préchauffez le four à 210 °C (th. 7).

Remplissez les coques de pommes de terre avec la farce. Placez-les dans un plat à gratin beurré. Parsemez de parmesan râpé.

• Arrosez d'un filet d'huile, enfournez et laissez cuire 10 minutes environ.

2/6 ans

Astuce équilibre

Ajoutez à la farce une tomate coupée en petits cubes.

2/6 ans

Pour les plus petits

Attention aux noix de cajou. Au besoin, supprimez-les et remplacez-les par des dattes coupées en dés.

Riz au lait de coco et aux noix de cajou

Pour 4 portions Préparation : 15 min Cuisson : 25 min

150 g de riz, 1 petite échalote, 20 cl de lait de coco, 2 cuill. à soupe d'amandes effilées, 1 cuill. à soupe de raisins de Corinthe, 8 noix de cajou, 2 cuill. à soupe d'huile d'arachide, 1 pincée de curry doux, sel, poivre

- Pelez et émincez l'échalote. Mettez l'huile à chauffer dans une grande poêle et faites suer l'échalote émincée avec le curry. Ajoutez le riz et faites cuire pendant 3 minutes à feu moyen en remuant sans cesse. Versez le lait de coco, ajoutez 15 cl d'eau frémissante puis portez le tout à ébullition. Salez, poivrez, baissez le feu et laissez mijoter 15 à 20 minutes jusqu'à ce que le riz soit cuit.
- Pendant ce temps, faites légèrement dorer les noix de cajou et les amandes dans une petite poêle antiadhésive. Lorsque le riz est presque cuit, incorporez les raisins secs et laissez mijoter encore 2 minutes. Parsemez de noix de cajou et d'amandes et servez aussitôt.

2
6
ans

Croque-monsieur

Pour 4 portions Préparation : 10 min Cuisson : 5 min

8 tranches de pain de mie, 2 tranches de jambon, 40 g de comté, 10 g de beurre, 1/2 cuill. à soupe de moutarde

Tartinez une face de chaque tranche de pain d'une fine couche de moutarde, et étalez le beurre mou de l'autre côté.

• Coupez le jambon en lanières et détaillez de fins copeaux de comté (ou râpez-le).

Répartissez le jambon et le fromage sur le pain, côté moutarde, puis recouvrez d'une autre tranche de pain (côté beurré au-dessus).

• Faites cuire dans un appareil à croque-monsieur. À défaut, vous pouvez les poêler dans un mélange de beurre et d'huile.

Variante

En été, remplacez la moutarde par de fines rondelles de tomate.

Tartiflette

Pour 4 portions Préparation : 20 min Cuisson : 35 min

400 g de pommes de terre, 1 oignon, 100 g de lardons, 1/2 reblochon, 5 cl de crème liquide, sel, poivre

• Pelez les pommes de terre, lavez-les puis faites-les cuire 20 minutes environ à l'eau salée (elles doivent rester fermes). Laissez-les tiédir puis coupez-les en rondelles ou en dés.

• Épluchez l'oignon puis émincez-le et ajoutez-le aux dés de pommes de terre.

• Préchauffez le four à 210 °C (th. 7).

• Faites dorer les lardons dans une petite poêle, sans matière grasse, puis ajoutez-les aux pommes de terre. Incorporez la crème, salez modérément et poivrez.

• Répartissez la préparation dans un plat à four puis recouvrez du reblochon coupé en lamelles épaisses. Glissez le plat au four et laissez cuire 15 minutes, jusqu'à ce que le fromage soit fondu.

• Servez très chaud avec une salade verte.

Variante

Vous pouvez réaliser la recette avec un autre fromage : du morbier par exemple, ou du vacherin.

Gratin aux deux pommes et au jambon

Pour 4 portions Préparation : 15 min Cuisson : 40 min

100 g de talon de jambon blanc, 2 œufs, 2 pommes de terre, 2 petites pommes, le jus de 1 citron, 5 cl de crème liquide, 2 cuill. à soupe de lait, 10 g de beurre, sel, poivre

- Pelez les pommes, coupez-les en lamelles puis arrosez-les de jus de citron. Épluchez les pommes de terre, rincez-les puis coupez-les en fines rondelles. Coupez le jambon en dés.
- Préchauffez le four à 180 °C (th. 6).

Cassez les œufs dans un bol, ajoutez la crème et le lait, les dés de jambon, salez, poivrez et battez en omelette.

Beurrez un plat à gratin et disposez les lamelles de pommes et de pommes de terre. Recouvrez avec la préparation aux œufs.

- Enfournez et faites gratiner pendant 35 à 40 minutes.

Variante

Vous pouvez saupoudrer d'un peu de chapelure avant d'enfourner.

2/6 ans

Astuce équilibre

Pour faire de cette recette un plat complet, ajoutez quelques lamelles de jambon.

Gratin de brocoli et d'endive aux amandes et au parmesan

Pour 4 portions Préparation : 20 min Cuisson : 35 min

2 endives, 300 g de brocolis, 40 g de parmesan, 20 cl de lait, 20 g de beurre, 2 cuill. à soupe d'amandes effilées, sel, poivre

- Ôtez la base des endives et rincez-les rapidement sous l'eau froide. Faites chauffer le lait et autant d'eau dans une casserole et plongez les endives coupées en deux. Laissez cuire 10 minutes.
- Détachez les bouquets de brocolis, lavez-les et faites-les cuire 5 minutes à la vapeur.

Préchauffez le four à 210 °C (th. 7). Beurrez un plat à four. Détaillez le parmesan en copeaux.

- Placez les brocolis et les endives égouttées dans le plat. Salez, poivrez, parsemez de copeaux de parmesan, de noisettes de beurre et d'amandes effilées et enfournez pour 20 minutes.

2/6 ans

Pâtes aux petits pois, jambon et parmesan

Pour 4 portions Préparation : 15 min Cuisson : 15 min

200 g de tagliatelle fraîches, 1 petite tranche de jambon de Parme, 50 g de petits pois écossés (frais ou surgelés), 1 petit oignon, 20 g de parmesan, 5 cl de crème liquide, 1 cuill. à soupe d'huile d'olive, sel, poivre

• Portez de l'eau à ébullition dans une casserole, salez et plongez-y les petits pois pendant 5 minutes environ. Égouttez-les.

• Mettez l'huile à chauffer dans une poêle et faites suer l'oignon émincé. Ajoutez les petits pois, puis la crème. Salez modérément, poivrez et poursuivez la cuisson tout doucement pendant 3 à 5 minutes en remuant.

• Pendant ce temps, faites cuire les tagliatelle *al dente* dans un grand volume d'eau bouillante salée. Égouttez, versez les pâtes dans la poêle, ajoutez le jambon coupé en lanières, mélangez bien. Parsemez de copeaux de parmesan et servez aussitôt.

Pour les plus petits

Vous pouvez remplacer le jambon de Parme par des petites rondelles de saucisse de Strasbourg.

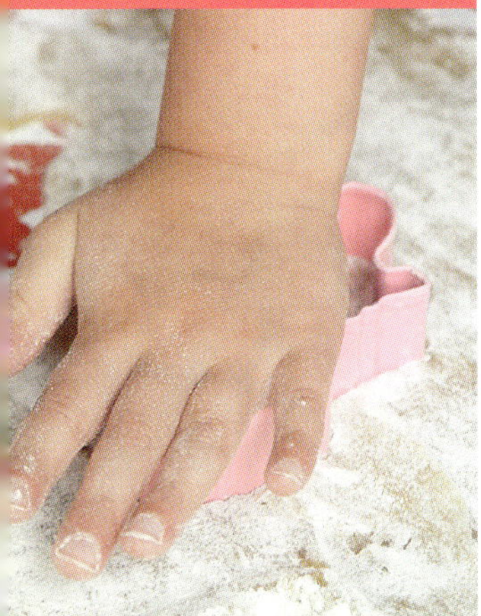

Gratin de panais aux deux jambons

Pour 4 portions Préparation : 20 min Cuisson : 25 min

1 tranche de jambon blanc, 1 tranche de jambon cru, 500 g de panais, 2 petits œufs, 30 g d'emmental, 10 g de beurre, 7 cl de crème liquide, 1 pincée de muscade râpée, sel, poivre

• Pelez les panais et rincez-les. Portez une grande quantité d'eau à ébullition et ajoutez les panais. Laissez reprendre l'ébullition et faites cuire 5 minutes. Égouttez puis coupez les panais en tranches.

• Préchauffez le four à 210 °C (th. 7). Coupez le jambon en carrés. Râpez l'emmental.

Beurrez un plat à four et répartissez les tranches de panais en les alternant avec les morceaux de jambon.

Cassez les œufs au-dessus d'un bol et battez-les en omelette avec la crème. Salez, poivrez et ajoutez la muscade. Répartissez sur les légumes et parsemez de fromage râpé.

• Enfournez pour 20 minutes environ, jusqu'à ce que le gratin soit bien doré.

2/6 ans

Variante

Remplacez la moitié des panais par des carottes.

2/6 ans

Variante

Préparez cette tarte avec une pâte sablée ou brisée maison dans laquelle vous remplacerez 30 g de farine par de la poudre d'amande.

Tarte au potiron

Pour 6 portions Préparation : 20 min Cuisson : 40 min

1 rouleau de pâte brisée, 300 g de chair de potiron, 2 petits œufs, 75 g de beurre fondu, 10 cl de crème liquide, 60 g de miel, 10 g de fécule, 1 pincée de cannelle, 1 pincée de noix de muscade (facultatif), 1 orange non traitée, 4 cuill. à soupe de poudre d'amande

- Préchauffez le four à 180 °C (th. 6).
- Coupez le potiron en gros cubes et faites-les cuire à la vapeur pendant 10 minutes. Laissez tiédir et mixez en purée. Prélevez et hachez le zeste de l'orange.

Incorporez les œufs entiers l'un après l'autre. Ajoutez le miel et la fécule, puis les épices et le zeste d'orange. Incorporez le beurre fondu et la crème et mélangez bien.

Déroulez la pâte dans un moule à tarte. Saupoudrez le fond de pâte de poudre d'amande puis répartissez la préparation au potiron.

- Enfournez pour 30 minutes environ et servez tiède.

2/6 ans

Conseil équilibre

Ce couscous de chou-fleur accompagne très bien un steak haché ou une viande en cocotte.

Couscous de chou-fleur

Pour 4 portions Préparation : 10 min Cuisson : 5 min

1 dizaine de bouquets de chou-fleur (environ 450 g), persil plat, 10 g de beurre mou, 2 cuill. à soupe de yaourt, 2 cuill. à soupe d'huile de noix, sel, poivre

- Rincez et égouttez le chou-fleur. Râpez-le à l'aide d'un robot ou d'une râpe à gros trous pour obtenir l'aspect d'une semoule. Rincez et séchez le persil.
- Placez une feuille d'aluminium ou du papier sulfurisé dans un cuit-vapeur. Déposez la semoule de chou-fleur, fermez et laissez cuire 5 minutes environ.
- Déposez le chou-fleur dans un plat, ajoutez le beurre, le yaourt et l'huile de noix, salez, poivrez et mélangez bien. Parsemez de persil ciselé et servez chaud… ou très frais, à la manière d'un taboulé.

Pommes de terre au fenouil

Pour 4 portions Préparation : 20 min Cuisson : 50 min

300 g de pommes de terre, 1 bulbe de fenouil, 5 cl de crème liquide, 1 noisette de beurre, 10 cl de bouillon de légumes bio, 2 cuill. à soupe d'huile d'olive, sel, poivre

- Pelez les pommes de terre, rincez-les puis coupez-les en fines rondelles. Ôtez la base et le plumet du fenouil, rincez-le et coupez-le en rondelles, de préférence à l'aide d'une mandoline.
- Faites chauffer 1 cuillerée d'huile dans une poêle et faites revenir le fenouil pendant 5 minutes. Arrosez avec le bouillon et poursuivez la cuisson 5 minutes. Incorporez la crème et mélangez bien.
- Préchauffez le four à 180 °C (th. 6).
- Beurrez un plat à four et disposez une couche de pommes de terre. Recouvrez d'une couche de fenouil et ainsi de suite. Salez, poivrez, arrosez d'un filet d'huile et enfournez pour 40 minutes.

2
6
ans

Fricassée de butternut aux champignons

Pour 4 portions Préparation : 15 min Cuisson : 40 min

400 g de butternut, 1 échalote, 1 gousse d'ail, 20 g de champignons (pleurotes, champignons de Paris), 10 g de beurre, 1 cuill. à soupe de crème liquide, 1 cuill. à soupe d'huile d'olive, 5 cl de bouillon de volaille bio, sel, poivre

- Pelez la butternut, rincez-la et coupez la chair en cubes. Épluchez et émincez finement l'échalote et l'ail.
- Mettez l'huile d'olive à chauffer dans une sauteuse et faites suer l'échalote. Ajoutez les cubes de butternut et l'ail et faites cuire pendant 5 minutes en remuant. Versez le bouillon, salez, poivrez et laissez mijoter pendant 20 minutes à feu doux.
- Ôtez le bout terreux des champignons puis rincez-les. Faites chauffer le beurre dans une poêle et faites suer les champignons pendant environ 10 minutes. Incorporez-les dans la sauteuse, ajoutez la crème, mélangez et laissez cuire encore 5 minutes.

Variante

Vous pouvez remplacer la butternut par du potiron ou du potimarron – inutile d'éplucher ce dernier, sa peau devenant très tendre à la cuisson.

2/6 ans

Pour les plus petits

Vous pouvez précuire les pommes de terre et le potiron à l'eau salée ou à la vapeur et réduire le tout en purée avant de recouvrir de la préparation au lait et au fromage.

Gratin de potiron et pommes de terre

Pour 4 portions Préparation : 20 min Cuisson : 45 min

300 g de pommes de terre à chair ferme, 250 g de potiron, 1 œuf, 1 gousse d'ail, 30 g de comté ou de cantal, 10 g de beurre, 10 cl de lait, 5 cl de crème, 1 feuille de laurier, 1 branche de thym, sel, poivre

- Versez le lait et la crème dans une casserole. Ajoutez le laurier et le thym et portez à ébullition. Ôtez la casserole du feu, et laissez infuser à couvert pendant 15 minutes environ.

- Pelez les pommes de terre et la tranche de potiron et coupez-les en tranches assez fines. Épluchez la gousse d'ail et émincez-la. Râpez le fromage. Préchauffez le four à 180 °C (th. 6).

- Beurrez un plat à gratin et disposez les pommes de terre et le potiron en les alternant. Répartissez les lamelles d'ail entre les légumes.

- Cassez l'œuf dans d'un bol et battez-le en omelette. Salez, poivrez, ajoutez le mélange lait/crème débarrassé du thym et du laurier. Versez le tout sur les légumes et saupoudrez de fromage râpé.

- Enfournez pour 35 minutes.

Gratin de saumon aux haricots blancs

Pour 4 portions Préparation : 25 min Cuisson : 45 min

2 pavés de saumon, 800 g de haricots blancs type cocos de Paimpol, 1 blanc de poireau, 1 carotte, 1 oignon, 2 branches de thym, 5 cl de crème liquide, 10 g de beurre + 1 noisette pour le moule, 1 cuill. à soupe d'huile d'olive, sel, poivre

- Écossez les haricots. Déposez-les dans une casserole, recouvrez largement d'eau, ajoutez le thym et l'oignon pelé et faites cuire 30 minutes environ. Égouttez, ôtez le thym puis passez les haricots au moulin à légumes ou au mixer, en incorporant la crème et le beurre. Ajoutez au besoin un peu d'eau de cuisson, salez et poivrez.
- Préchauffez le four à 180 °C (th. 6).
- Rincez le blanc de poireau, puis émincez-le. Pelez la carotte, lavez-la et râpez-la. Mettez l'huile d'olive à chauffer dans une poêle et faites-y revenir les légumes. Ôtez la peau du saumon et détaillez-le en lanières épaisses. Beurrez un plat à gratin et répartissez le saumon. Ajoutez les légumes, salez et poivrez modérément puis recouvrez de la purée de cocos.
- Enfournez pour 15 minutes environ et faites gratiner sous le gril en fin de cuisson.

Variante

Les cocos de Paimpol étant des haricots frais, ils n'ont pas besoin de tremper. Vous pouvez aussi utiliser des haricots blancs secs qu'il vous faudra faire tremper plusieurs heures avant de les cuisiner.

Astuce gain de temps

Si vous êtes pressé, utilisez des haricots blancs en conserve (choisissez des haricots « au naturel ») et une julienne de légumes surgelés.

2/6 ans

Gratin de macaroni à la sauce tomate

Pour 4 portions Préparation : 20 min Cuisson : 40 min

150 g de macaroni, 1 oignon moyen, 150 g de concassée de tomates, 30 g de lardons, 50 g de mozzarella, 8 cl de crème liquide, 1 noix de beurre, 1 cuill. à café de concentré de tomate, 1 cuill. à soupe de chapelure, 1 cuill. à soupe d'huile d'olive, sel, poivre

- Portez une grande quantité d'eau à ébullition dans une casserole. Salez, versez les pâtes et laissez cuire 5 minutes environ (les pâtes doivent être *al dente*). Égouttez-les.
- Préchauffez le four à 210 °C (th. 7).
- Dans une poêle, faites revenir les lardons à feu moyen puis égouttez-les sur du papier absorbant.
- Épluchez l'oignon, puis émincez-le. Faites-le revenir dans la poêle avec un filet d'huile. Ajoutez le concentré et la concassée de tomates, et laissez réduire 10 minutes. Incorporez la crème, salez modérément, poivrez et laissez mijoter encore 5 minutes. Rajoutez les lardons.
- Versez les pâtes dans un plat à gratin beurré. Ajoutez la sauce, puis saupoudrez de chapelure et répartissez la mozzarella coupée en lamelles.
- Enfournez pour 10 à 15 minutes, jusqu'à ce que le gratin soit bien doré.

Variante

Vous pouvez remplacer la crème par du mascarpone, certes un peu plus riche, ou rajouter quelques champignons de Paris (faites-les suer en même temps que l'oignon).

Conseil équilibre

Vous pouvez compléter ce plat avec un potage, ou une salade de mâche, ou toute autre crudité en fonction de la saison.

2/6 ans

Variante

Vous pouvez remplacer le brocoli par un mélange de brocoli et de chou-fleur.

Gratin de brocoli au fromage

Pour 4 portions Préparation : 20 min Cuisson : 25 min

300 g de brocoli, 1 pomme de terre, 1 tomate, 10 g de beurre, 7 cl de crème liquide, 30 g d'emmental, sel, poivre

• Rincez le brocoli et détachez les bouquets. Pelez la pomme de terre, lavez-la et coupez-la en rondelles. Faites cuire le tout 5 minutes à la vapeur. Lavez la tomate puis détaillez-la en tranches.

• Préchauffez le four à 200 °C (th. 6/7). Râpez l'emmental.

• Beurrez un plat à four et disposez les bouquets de brocolis, les rondelles de pomme de terre et les tranches de tomate. Arrosez de crème, salez, poivrez puis parsemez d'emmental râpé. Enfournez pour 20 minutes.

Gratin de céleri-rave

Pour 4 à 6 portions Préparation : 25 min Cuisson : 35 min

1/2 boule de céleri-rave, 1 petite pomme, 1 petite pomme de terre, 5 cl de crème liquide, 5 cl de lait, 2 cuill. à soupe de parmesan, 1 noisette de beurre, 1 cuill. à soupe de fécule, 1/2 cuill. à café de mélange de cinq baies, 1 cuill. à soupe de chapelure, sel

• Versez la crème liquide et le lait dans une casserole, ajoutez les cinq baies écrasées, salez et faites chauffer. Incorporez la fécule délayée dans une cuillerée d'eau ou de lait puis faites épaissir sur feu très doux.

• Pelez la pomme, ôtez le cœur et les pépins. Épluchez le céleri-rave avec un gros couteau, pelez la pomme de terre et rincez-les. Coupez la pomme de terre, la pomme et le céleri en très fines lamelles, de préférence à l'aide d'une mandoline.

• Préchauffez le four à 180 °C (th. 6).

• Beurrez un plat à gratin et ajoutez les lamelles de pomme, de pomme de terre et de céleri-rave. Nappez avec la sauce, saupoudrez de chapelure, parsemez de copeaux de parmesan et enfournez pour 30 minutes environ.

2/6 ans

Gratin de pomme de terre au vacherin

Pour 4 portions Préparation : 20 min Cuisson : 30 min

500 g de pommes de terre, 1 gousse d'ail, 60 g de vacherin, 10 g de beurre, 7 cl de crème liquide, 2 cuill. à soupe de chapelure, sel, poivre

- Préchauffez le four à 210 °C (th. 7).
- Épluchez les pommes de terre. Coupez-les en rondelles et faites-les cuire à l'eau bouillante salée pendant une quinzaine de minutes. Égouttez-les.
- Mettez la crème à chauffer dans une casserole. Ajoutez le vacherin et faites-le fondre en remuant.
- Beurrez un plat à gratin et disposez-y les rondelles de pommes de terre. Ajoutez l'ail en chemise, couvrez de la crème au vacherin, poivrez, saupoudrez de chapelure et enfournez pour 15 minutes environ.

Variante

Si vous ne trouvez pas de vacherin ou si vos enfants ne l'aiment pas, utilisez de la cancoillotte, un fromage de Franche-Comté très doux. Pour les plus grands, ajoutez un peu de vin blanc sec lorsque vous faites fondre le fromage dans la crème.

2
6
ans

Variante

Vous pouvez ajouter quelques tomates cerises coupées en deux, ou napper les tagliatelle de sauce tomate (maison de préférence).

Tagliatelle au brocoli et aux fèves

Pour 4 portions Préparation : 15 min Cuisson : 15 min

200 g de tagliatelle fraîches, 200 g de brocoli, 50 g de fèves écossées surgelées, 2 cuill. à soupe d'huile d'olive, sel, poivre

- Détachez les bouquets du brocoli, rincez-les et faites-les cuire environ 5 minutes à la vapeur (ils doivent rester un peu fermes).
- Plongez les fèves 5 minutes dans de l'eau bouillante salée puis égouttez-les.
- Portez de l'eau à ébullition dans une grande casserole, salez et plongez-y les tagliatelle. Laissez cuire 3 minutes.
- Pendant ce temps, faites chauffer un filet d'huile d'olive dans une sauteuse et ajoutez le brocoli et les fèves. Laissez cuire 1 minute.
- Égouttez les pâtes et versez-les dans la sauteuse. Salez, poivrez, arrosez avec le reste d'huile et servez aussitôt.

2/6 ans

Variante

Vous pouvez ajouter un trait de sauce de soja avant d'enfourner. Dans ce cas, diminuez la dose de sel, la sauce de soja étant déjà salée.

Conseil équilibre

Cette écrasée de pommes de terre accompagnera très bien du poulet rôti ou un filet de poisson.

Gratin de patate douce aux pommes et au miel

Pour 4 portions Préparation : 10 min Cuisson : 40 min

1 patate douce à chair orange, 2 petits pommes, 10 g de beurre, 1 cuill. à soupe de miel liquide, 2 cuill. à soupe d'huile d'olive, sel, poivre

- Épluchez la patate douce, lavez-la puis détaillez-la en rondelles. Épluchez les pommes, ôtez le cœur et les pépins puis coupez-les en quartiers.
- Préchauffez le four à 170 °C (th. 5/6).

Beurrez un plat à four et disposez dedans la patate douce et les pommes. Dans un bol, mélangez le sel, le poivre, l'huile et le miel. Versez sur les légumes et mélangez.

- Enfournez pour 40 minutes.

Ecrasée de pommes de terre vitelotte

Pour 4 portions Préparation : 15 min Cuisson : 20 min

400 g de petites pommes de terre vitelotte, 5 cl de crème liquide, 5 cl de lait, 1 noix de beurre, sel, poivre

- Lavez les pommes de terre puis déposez-les dans une casserole. Recouvrez largement d'eau froide, salez puis portez à ébullition et laissez cuire 20 minutes environ.
- Versez le lait et la crème dans une casserole et faites-les tiédir.
- Égouttez puis pelez les pommes de terre et écrasez-les grossièrement en incorporant le lait et la crème. Ajoutez le beurre, salez modérément, poivrez légèrement et servez.

2/6 ans

Gratin dauphinois

Pour 4 portions Préparation : 20 min Cuisson : 40 min

500 g de pommes de terre, 1 gousse d'ail, 30 g de beurre, 12 cl de crème liquide, 10 cl de lait, 1 pincée de muscade râpée, sel, poivre

• Épluchez les pommes de terre, rincez-les puis émincez-les en rondelles assez fines.

• Préchauffez le four à 180 °C (th. 6). Pelez la gousse d'ail et frottez-en un plat à gratin puis graissez-le avec environ 10 g de beurre.

Dans un bol, mélangez la crème, le lait et la muscade. Salez et poivrez.

Disposez la moitié des rondelles de pommes de terre dans le plat, couvrez de la moitié du mélange crème/lait, salez et poivrez. Couvrez du reste de pommes de terre et du mélange crème/lait (les pommes de terre doivent être recouvertes à hauteur). Salez et poivrez à nouveau, puis parsemez de petites noisettes de beurre.

• Enfournez pour 40 minutes environ. Si le gratin dore trop vite, couvrez-le d'un papier d'aluminium. Vérifiez la cuisson avec la pointe d'un couteau. Servez chaud.

Variante

Le véritable gratin dauphinois se prépare sans fromage… mais vous pouvez modifier la recette et saupoudrer le gratin d'un peu d'emmental râpé avant d'enfourner.

Conseil équilibre

Proposez une salade de fruits en dessert.

2
6
ans

Polenta à la tomate

Pour 4 portions Préparation : 20 min Cuisson : 10 min

120 g de polenta, 30 cl de lait entier ou de croissance, 20 g de beurre, 4 cuill. à soupe de sauce tomate, quelques pluches de persil plat, sel, poivre

- Versez le lait dans une casserole et ajoutez 40 cl d'eau. Portez à ébullition, salez, poivrez et versez la polenta en pluie. Baissez le feu et mélangez sans cesse jusqu'à ce que la polenta se détache des parois de la casserole.
- Versez la polenta dans un plat beurré puis nappez de sauce tomate. Parsemez de persil ciselé et servez.

Variante

Vous pouvez remplacer le lait par de l'eau ou par du bouillon (dans ce cas, ne salez pas la polenta). Vous pouvez ajouter quelques noisettes de beurre et un soupçon de parmesan râpé puis faire gratiner 5 minutes à four chaud.

Purée toute verte

Pour 4 portions Préparation : 20 min Cuisson : 20 min

250 g de haricots verts, 1 courgette, 1 pomme de terre, 20 g de beurre, sel, poivre

- Épluchez la pomme de terre, rincez-la et coupez-la en deux. Équeutez les haricots verts et lavez-les.
- Ôtez les extrémités de la courgette, lavez-la, épluchez-la et coupez-la en tronçons.
- Mettez la pomme de terre dans une grande casserole, couvrez d'eau largement et portez à ébullition. Salez puis incorporez les haricots verts et laissez cuire 15 minutes. Ajoutez les morceaux de courgettes et poursuivez la cuisson 5 minutes jusqu'à ce que les légumes soient bien tendres.
- Égouttez et passez les légumes au presse-purée. Salez, poivrez, ajoutez le beurre, mélangez bien et servez.

Variante

Remplacez les haricots verts par des brocolis ou du chou romanesco.

2
6
ans

Champignons farcis au roquefort et au fromage frais

Pour 4 portions Préparation : 10 min Cuisson : 25 min

4 gros champignons de Paris, 1 petite échalote, quelques pluches de persil, quelques brins de ciboulette, 30 g de roquefort, 50 g de fromage blanc, 1 noisette de beurre, 1 cuill. à soupe d'huile, chapelure, sel, poivre

- Ôtez le bout terreux des champignons et rincez-les. Coupez les pieds puis hachez-les avec l'échalote pelée. Réservez les têtes.
- Faites chauffer le beurre et l'huile dans une poêle et faites-y revenir le hachis de champignons et d'échalote pendant une dizaine de minutes.
- Préchauffez le four à 180 °C (th. 6).

Écrasez le roquefort à la fourchette en incorporant le fromage blanc puis ajoutez le hachis de champignons et les herbes ciselées et préalablement nettoyées. Salez très modérément et poivrez. Farcissez les têtes de champignons avec ce mélange et parsemez-les de chapelure.

- Enfournez-les pour une quinzaine de minutes.

Variante

Vous pouvez remplacer le fromage blanc par du fromage frais demi-sel ou du fromage de chèvre frais.

2/6 ans

Astuce

Vous pouvez passer le demi-poivron une vingtaine de minutes à four moyen et le laisser tiédir. La peau s'enlèvera alors très facilement.

Vermicelles de riz aux légumes

Pour 4 portions Préparation : 10 min Cuisson : 30 min

50 g de vermicelles de riz, 4 champignons shiitake ou champignons de Paris, 50 g de germes de soja (haricots mungo), 1 carotte, 1/2 poivron rouge, 100 g de haricots verts, 1 petit bouquet de coriandre fraîche, 2 cuill. à soupe de sauce de soja, 1 cuill. à soupe d'huile, sel, poivre

- Coupez le bout terreux des champignons, rincez-les rapidement sous l'eau fraîche et émincez-les. Épluchez la carotte et coupez-la en fins bâtonnets. Rincez les germes de soja et égouttez-les. Lavez le demi-poivron, ôtez les graines et les membranes blanches puis coupez-le en fines lanières. Rincez et ciselez la coriandre.
- Effilez les haricots verts et rincez-les. Faites bouillir une grande quantité d'eau salée dans une casserole et plongez-y les haricots verts. Laissez cuire une dizaine de minutes (ils doivent rester croquants).
- Mettez l'huile à chauffer dans un wok ou une grande poêle. Faites revenir les champignons, les germes de soja, les bâtonnets de carotte et les lanières de poivron, à feu assez vif pendant 5 minutes en remuant souvent.
- Pendant ce temps, portez une grande quantité d'eau à ébullition. Déposez les vermicelles dans un saladier puis arrosez-les avec l'eau frémissante. Laissez reposer pendant 5 minutes environ.
- Égouttez les vermicelles et incorporez-les dans la poêle ainsi que les haricots verts. Versez la sauce de soja, poivrez et mélangez bien. Laissez mijoter encore 3 à 5 minutes, parsemez de coriandre ciselée et servez.

2/6 ans

Pour les plus petits

La peau des aubergines peut rebuter les enfants. Rien ne les empêche de ne manger que l'intérieur des coques pour se familiariser avec ce légume.

Aubergines farcies aux flocons d'avoine

Pour 4 portions Préparation : 20 min Cuisson : 1 h

40 g de flocons d'avoine, 2 aubergines, 2 tomates, 1 oignon, 1 gros œuf, 12 cl de lait, 15 g de beurre, 2 cuill. à soupe d'huile d'olive, sel, poivre

- Préchauffez le four à 200 °C (th. 6/7). Ôtez les pédoncules des aubergines, rincez-les puis coupez-les en deux dans le sens de la longueur. Enfournez-les pour 25 minutes puis laissez-les refroidir.

Prélevez la chair à l'aide d'une petite cuillère puis écrasez-la à la fourchette.

- Ébouillantez les tomates, pelez-les et coupez-les en quartiers. Mettez l'huile à chauffer dans une poêle et faites cuire les tomates pendant une dizaine de minutes en remuant souvent.
- Faites tiédir le lait et versez-y les flocons d'avoine. Salez, poivrez, portez à ébullition et laissez cuire 5 minutes à feu doux en remuant.

Incorporez l'œuf et mélangez bien. Ajoutez la chair d'aubergine et les tomates.

Remplissez les coques d'aubergines de cette préparation, disposez-les dans un plat beurré et parsemez de petites noisettes de beurre.

- Enfournez pour 25 minutes environ.

Crumble de légumes au parmesan

Pour 4 portions Préparation : 20 min Cuisson : 30 min

3 courgettes, 1 tomate, 40 g de beurre, 40 g de parmesan, 40 g de farine, 1 cuill. à soupe d'huile d'olive, sel, poivre

- Rincez la tomate et les courgettes puis coupez-les en petits cubes.
- Mettez l'huile à chauffer dans une poêle et ajoutez les courgettes. Salez, poivrez et laissez cuire 5 minutes en remuant souvent. Ajoutez la tomate en fin de cuisson.

Disposez les légumes dans un plat à gratin.

- Préchauffez le four à 180 °C (th. 6).

Préparez la pâte à crumble : mélangez le beurre, la farine, le parmesan, le sel et le poivre et travaillez du bout des doigts pour obtenir un sable grossier. Recouvrez les légumes de cette pâte.

- Enfournez pour 25 minutes environ. Servez chaud.

2/6 ans

Variante

Selon la saison, préparez ce crumble avec des haricots verts, des champignons, des aubergines ou des carottes.

2
6
ans

Variante

On trouve maintenant du quinoa rouge. N'hésitez pas à le mélanger au quinoa blanc, pour une recette haute en couleur !

Petits légumes au quinoa

Pour 4 portions Préparation : 15 min Cuisson : 20 min

150 g de quinoa, 1 blanc de poireau, 100 g de fleurettes de brocoli, 4 champignons de Paris, 1 carotte, 1 noisette de beurre, 1 cuill. à soupe d'huile, 1 cuill. à café de curry, sel, poivre

- Rincez le quinoa. Lavez les fleurettes de brocoli puis faites-les cuire 5 minutes à la vapeur. Lavez le blanc de poireau et émincez-le. Pelez la carotte, rincez-la puis coupez-la en dés. Coupez le bout terreux des champignons, nettoyez-les puis émincez-les.

- Faites chauffer le beurre et l'huile dans une sauteuse et faites revenir le poireau. Saupoudrez de curry, ajoutez le quinoa, les dés de carotte et les champignons ; mélangez bien. Salez, poivrez, recouvrez d'eau froide (environ une fois et demie le volume de quinoa), portez à ébullition puis baissez le feu et laissez mijoter 10 minutes. Ajoutez le brocoli et poursuivez la cuisson pendant 5 minutes (ajoutez un peu d'eau en cours de cuisson si besoin).

2.6

2/6 ans

Variante

Ajoutez une goutte d'eau de fleur d'oranger dans le lait. Si vos enfants apprécient la saveur des épices, faites infuser une étoile de badiane dans le lait avant de le mélanger à la crème de riz.

Variante

Vous pouvez ajouter un zeste de citron vert râpé.

Crème de riz à l'orange

Pour 4 portions Préparation : 10 min Cuisson : 15 min Réfrigération : 2 h

1 orange non traitée, 30 cl de lait de croissance ou de lait entier, 30 g de crème de riz, 25 g de sucre en poudre

- Délayez la crème de riz dans un peu de lait puis versez dans une casserole. Ajoutez progressivement le reste de lait en mélangeant bien pour éviter les grumeaux.
- Lavez l'orange et prélevez environ 1 cuillerée à café de zeste. Incorporez-le dans la casserole avec le sucre et faites chauffer. À ébullition, baissez le feu et laissez cuire en remuant souvent pendant 5 minutes environ, jusqu'à ce que le mélange épaississe.
- Laissez tiédir puis répartissez dans des petites coupes et placez au réfrigérateur pendant au moins 2 heures.
- Pelez l'orange en mettant la chair à vif et prélevez les quartiers sans la peau fine qui les entoure. Détaillez-les en petits dés que vous répartirez sur les crèmes juste avant de servir.

Taboulé aux fruits

Pour 4 portions Préparation : 20 min Réfrigération : 2 h

120 g de semoule, 1/2 orange, 1/2 citron, 1 petite pomme, 1 poire, 1 pêche, 2 cuill. à soupe de miel liquide, 1 cuill. à soupe d'eau de fleur d'oranger, quelques feuilles de menthe fraîche

- Versez la semoule dans un saladier. Pressez l'orange et le citron, mélangez le jus obtenu avec le miel et l'eau de fleur d'oranger puis versez le tout sur la semoule. Mélangez longuement à la fourchette.
- Pelez la pomme, la poire et la pêche et découpez-les en petits dés. Incorporez-les à la semoule, mélangez et laissez au réfrigérateur au moins 2 heures.
- Mélangez, décorez de feuilles de menthe préalablement rincées et servez.

Riz au lait fruité

Pour 4 portions Préparation : 20 min Cuisson : 50 mn

100 g de riz rond, 1 petite poire, 1/2 banane, 60 cl de lait de croissance ou de lait entier, 80 g de sucre, 1 gousse de vanille, sel

- Portez de l'eau à ébullition dans une casserole. Salez et versez-y le riz. Laissez reprendre l'ébullition puis égouttez le riz.
- Versez le lait dans la casserole. Ajoutez le sucre et la gousse de vanille. Portez à ébullition, ajoutez le riz égoutté puis baissez le feu et laissez mijoter pendant 20 minutes environ.
- Pelez la poire, coupez-la en deux, ôtez le cœur et les pépins et coupez-la en dés. Épluchez la banane et coupez-la également en dés ou en rondelles.
- Incorporez les dés de fruits dans le riz, mélangez délicatement puis laissez cuire encore 10 minutes. Servez tiède ou frais.

Mousse au chocolat

Pour 4 portions Préparation : 10 min Cuisson : 5 min Réfrigération : 3 h

70 g de chocolat, 2 œufs, 15 g de beurre, 10 g de sucre

- Coupez le chocolat en morceaux et faites-le fondre au bain-marie ou au four à micro-ondes, avec le beurre coupé en dés.
- Séparez les blancs des jaunes d'œufs. Incorporez un jaune d'œuf et le sucre dans le chocolat fondu.
- Battez les blancs en neige ferme et incorporez-les délicatement à la préparation.
- Répartissez dans des coupes ou des verrines et placez au réfrigérateur pendant au moins 3 heures.

2/6 ans

Variante

Vous pouvez remplacer la poire par une pomme et la vanille par un zeste d'orange râpé ou 1 cuillerée à café d'eau de fleur d'oranger.

Variante

N'hésitez pas à parfumer la mousse d'un zeste d'orange ou d'un soupçon d'extrait de menthe. Vous pouvez aussi utiliser du chocolat au lait.

2/6 ans

Délice crémeux au marron

Pour 4 portions Préparation : 20 min Cuisson : 2 min Réfrigération : 3 h

100 g de crème de marron, 150 g de fromage blanc ou de petit-suisse, 1/2 feuille de gélatine, copeaux de chocolat, petites meringues ou biscuits écrasés

Faites tremper la gélatine dans un bol d'eau froide.

- Faites chauffer la crème de marron.
- Incorporez la gélatine égouttée dans la crème de marron bien chaude et mélangez bien. Laissez tiédir puis ajoutez le fromage blanc et versez dans des petits moules ou des verrines. Placez au réfrigérateur pendant 3 heures.

Décorez de copeaux de chocolat, de meringue ou de biscuits écrasés.

Variante

Vous pouvez ajouter un zeste de citron vert râpé ou 1 cuillerée à café de cacao en poudre dans la crème de marron.

2/6 ans

Tarte au chocolat et aux poires

Pour 6 personnes Préparation : 30 min Repos : 1 h Cuisson : 35 min

Pour la pâte : 90 g de beurre, 200 g de farine, 30 g de sucre
Pour la garniture : 3 poires, 1 œuf, 40 g de beurre, 5 cl de crème liquide, 125 g de chocolat noir, 200 g de sucre

Préparez la pâte : versez la farine dans un saladier, ajoutez le sucre et mélangez ; incorporez le beurre mou coupé en petits dés et pétrissez avec un peu d'eau froide pour obtenir une pâte homogène ; formez une boule et laissez reposer environ 1 heure.

- Pelez les poires et coupez-les en deux dans le sens de la longueur. Versez 50 cl d'eau dans une casserole, ajoutez le sucre en poudre et pochez les demi-poires pendant 10 minutes. Égouttez-les, ôtez le cœur et les pépins et coupez les poires en lamelles.
- Préchauffez le four à 180 °C (th. 6).

Étalez la pâte au rouleau sur un plan de travail fariné et garnissez-en un moule à tarte. Recouvrez-la de papier sulfurisé et de légumes secs.

- Faites cuire la pâte à blanc pendant 5 minutes environ.
- Faites fondre le chocolat coupé en morceaux avec le beurre, au bain-marie ou au micro-ondes. Lissez à la spatule puis ajoutez la crème liquide et l'œuf légèrement battu.

Disposez les lamelles de poires égouttées sur le fond de tarte précuit et recouvrez de la préparation au chocolat.

- Enfournez pour 20 minutes. Dégustez tiède ou froid.

Astuce gain de temps

Utilisez des oreillons de poires au sirop.

Cheesecake

Pour 6 portions Préparation : 20 min Cuisson : 55 min Réfrigération : 4 h

Pour la pâte : 200 g de biscuits type spéculoos, 40 g de beurre
Pour la garniture : 400 g de fromage blanc, 20 cl de crème liquide, 3 œufs, 100 g de sucre en poudre, 1 gousse de vanille, 30 g de fécule, 1 citron non traité

• Préparez la pâte : faites fondre le beurre au micro-ondes ou dans une casserole ; placez les biscuits dans le bol d'un robot et mixez-les grossièrement avec le beurre fondu pour obtenir une pâte sableuse.

Tassez la pâte au fond d'un moule (utilisez de préférence un moule à charnière, à fond amovible, le démoulage sera plus aisé) en appuyant bien avec les doigts. Placez au frais.

• Préchauffez le four à 180 °C (th. 6).

Versez le fromage blanc dans un saladier et fouettez avec la crème et le sucre en poudre.

• Fendez la gousse de vanille en deux dans le sens de la longueur et grattez les graines au-dessus du saladier.

Incorporez les œufs entiers un par un, puis la fécule et mélangez pour obtenir une préparation homogène.

• Lavez le citron, prélevez le zeste, hachez-le et incorporez-le à la préparation, ainsi que 2 cuillerées à soupe de jus.

• Versez la préparation dans le moule. Enfournez le cheesecake, baissez la température du four à 120 °C (th. 4) puis laissez cuire 55 minutes environ. Laissez le gâteau encore 10 minutes dans le four éteint, puis laissez tiédir et placez au réfrigérateur au moins 4 heures avant de servir.

2/6 ans

Variante

Vous pouvez réaliser cette recette en remplaçant une partie du fromage blanc par du fromage à tartiner (type St Môret®), du petit-suisse ou du cottage cheese.

2
6
ans

Variante

Vous pouvez ajouter un zeste de citron vert râpé et remplacer la moitié du lait entier par du lait de coco.

Blanc-manger

Pour 4 portions Préparation : 20 min Cuisson : 5 min Réfrigération : 3 h

40 cl de lait de croissance ou lait entier, 70 g de miel, 3 grande feuilles de gélatine, 1 cuill. à soupe de noix de coco râpée, 1 gousse de vanille, sucre glace

- Faites tremper les feuilles de gélatine dans un bol d'eau froide.
- Versez le lait dans une casserole. Fendez la gousse de vanille en deux dans le sens de la longueur et grattez les graines au-dessus de la casserole. Plongez la gousse dans le lait, ajoutez le miel, mélangez et portez à ébullition.
- Ôtez la casserole du feu, laissez infuser à couvert pendant 10 minutes puis ôtez la gousse de vanille.
- Égouttez les feuilles de gélatine, ajoutez-les dans la casserole et remuez pour les faire dissoudre.
- Versez dans des petits moules ou des verrines, laissez tiédir puis placez au réfrigérateur pendant 3 heures.
- Au moment de servir, décorez de sucre glace et de noix de coco râpée que vous pouvez faire légèrement dorer à la poêle.

2
6
ans

Conseil équilibre

Pour alléger la recette, n'hésitez pas à réduire la proportion de crème d'amande et à ajouter quelques lamelles de poires ou de pommes.

Galette des rois

Pour 6 personnes Préparation : 20 min Repos : 1 h Cuisson : 25 min

2 rouleaux de pâte feuilletée pur beurre, 2 œufs, 100 g de beurre mou, 110 g de poudre d'amande, 100 g de sucre, 1 cuill. à café de fécule, 1 goutte d'extrait d'amande amère, 1 fève
Pour la dorure : 1 œuf, 1 cuill. à café de sucre

Travaillez-le beurre à l'aide d'un fouet ou d'une fourchette jusqu'à ce qu'il soit bien crémeux puis ajoutez la poudre d'amande, la fécule et le sucre ; mélangez bien.

Ajoutez les œufs légèrement battus et l'extrait d'amande amère. Mélangez à l'aide d'un fouet. Réservez au frais.

Déroulez un disque de pâte sur une plaque de cuisson antiadhésive. Badigeonnez le pourtour avec de l'eau, à l'aide d'un pinceau. Répartissez la crème d'amande sans déborder sur le pourtour, puis placez la fève.

Recouvrez du second disque de pâte et soudez bien les bords avec vos doigts. Mélangez l'œuf avec le sucre et un peu d'eau, et badigeonnez-en la galette.

- Faites de petites entailles avec la pointe d'un couteau sur le dessus de la galette. Mettez au frais pendant au moins 1 heure.
- Préchauffez le four à 210 °C (th. 7).
- Enfournez pour 25 minutes environ, jusqu'à ce que la galette soit bien dorée.

2/6 ans

Croque-monsieur bananes-chocolat

Pour 4 portions Préparation : 15 min Cuisson : 10 min

8 tranches de pain de mie, 2 petites bananes, 20 g de beurre, 5 cl de crème liquide, 80 g de chocolat, 1 sachet de sucre vanillé

Beurrez légèrement un côté des tranches de pain de mie.

- Pelez les bananes et coupez-les en rondelles. Faites fondre le reste de beurre dans une poêle et ajoutez le sucre vanillé. Déposez les rondelles de bananes et laissez cuire 1 minute de chaque côté.
- Faites fondre le chocolat avec la crème au bain-marie ou au micro-ondes et lissez à la spatule.

Tartinez les tranches de pain (côté non beurré) de chocolat chaud et répartissez dessus les bananes poêlées. Recouvrez d'une deuxième tranche de pain, côté beurré à l'extérieur.

- Disposez chaque croque dans un appareil à croque-monsieur et faites-les cuire 2 à 3 minutes chacun. Servez aussitôt.

Variante

Vous pouvez remplacer le pain de mie par de la baguette viennoise, la toaster et répartir les bananes préalablement poêlées avant de napper de chocolat.

2
6
ans

Triffle à la rhubarbe

Pour 4 portions Préparation : 15 min Macération : 30 min Cuisson : 20 min

4 tiges de rhubarbe, 1 petite barquette de framboises, 150 g de fromage blanc, 30 g de sucre, 1 sachet de sucre vanillé

- Rincez les tiges de rhubarbe, coupez-les en morceaux et mettez-les dans une casserole avec le sucre. Laissez macérer 30 minutes.
- Mélangez et posez la casserole sur le feu. Faites cuire pendant 20 minutes environ, jusqu'à ce que la rhubarbe soit bien tendre. Laissez refroidir.

Fouettez le fromage blanc avec le sucre vanillé.

Répartissez la compote de rhubarbe dans des verrines, et recouvrez de fromage blanc vanillé. Disposez quelques framboises par-dessus et servez frais.

Astuce gain de temps

Utilisez de la rhubarbe surgelée ou une compote de votre choix toute prête.

Yaourts aux céréales

Pour 4 portions Préparation : 5 min

4 yaourts au lait entier, 4 cuill. à soupe de lait, 2 cuill. à soupe de flocons de céréales non complètes (avoine, blé, épeautre, riz), 1 cuill. à soupe de cassonade

- Faites tiédir le lait dans une casserole. Versez les flocons de céréales dans un bol, arrosez de lait tiède et laissez gonfler quelques instants.

Ajoutez les yaourts et mélangez bien.

Répartissez dans quatre coupes, saupoudrez de cassonade et servez.

Variante

Vous pouvez préparer cette recette avec des yaourts brassés, des yaourts au lait de chèvre ou de brebis, ou 400 g de fromage blanc battu.

2/6 ans

Variante

Vous pouvez ajouter un zeste de citron vert râpé dans la marinade.

Variante

Vous pouvez remplacer le beurre par 1 cuillerée à soupe de crème liquide.

Brochettes de fruits

Pour 4 portions (12 brochettes) Préparation : 15 min Marinade : 30 min Cuisson : 5 min

1 orange, 1 nectarine jaune, 6 abricots, 1 banane, 20 fraises, 10 g de beurre, 1 cuill. à soupe de miel

- Préparez la marinade : faites fondre le beurre ; pressez l'orange et versez le jus dans un bol puis mélangez avec le miel et le beurre.
- Pelez la nectarine et coupez-la en quartiers. Rincez les abricots, coupez-les en deux et dénoyautez-les. Rincez et équeutez les fraises. Épluchez la banane et détaillez-la en rondelles. Placez tous les fruits dans un saladier, arrosez avec le contenu du bol et laissez mariner 30 minutes environ en remuant de temps en temps.
- Préparez les brochettes en alternant les fruits, puis faites-les cuire sur le barbecue 3 à 5 minutes en les retournant en cours de cuisson. Servez immédiatement.

Nectarines en papillotes

Pour 4 portions Préparation : 10 min Cuisson : 15 min

4 nectarines jaunes, 1 noisette de beurre fondu, 1 cuill. à soupe de cassonade, 1 cuill. à soupe de poudre d'amande

- Préchauffez le four à 180 °C (th. 6). Lavez les nectarines et coupez-les en lamelles. Préparez quatre carrés de papier cuisson ou de papier d'aluminium.
- Mélangez dans un bol le beurre fondu, la cassonade et la poudre d'amande.
- Répartissez les nectarines sur les carrés de papier. Recouvrez du mélange beurre/sucre/amandes, puis refermez les papillotes et disposez-les dans un plat à four.
- Enfournez pour 15 minutes environ. Servez chaud ou tiède.

2/6 ans

Papillotes de poires au chocolat

Pour 4 portions Préparation : 10 min Cuisson : 10 min

4 petites poires, 1 citron non traité, 60 g de chocolat noir, 1 noisette de beurre fondu

• Lavez le citron, prélevez le zeste et pressez le jus. Lavez les poires, épluchez-les, coupez-les en deux et ôtez le cœur et les pépins. Détaillez-les en lamelles épaisses et arrosez-les de jus de citron.

• Préparez quatre carrés de papier cuisson ou de papier d'aluminium. Préchauffez le four à 200 °C (th. 6/7).

Badigeonnez de beurre chaque carré de papier, à l'aide d'un pinceau.

Répartissez les lamelles de poires puis parsemez de zeste haché. Cassez le chocolat en petits morceaux et répartissez-les sur les poires. Fermez les carrés de papier de manière à former des papillotes.

• Enfournez pour 10 minutes environ. Laissez tiédir quelques instants avant de servir.

Variante

Au lieu de répartir des carrés de chocolat, nappez les poires de pâte à tartiner après cuisson, juste au moment de servir.

2
6
ans

Variante

Si vous faites ce gâteau pour un anniversaire, vous pouvez le décorer avec une figurine correspondant au loisir préféré de votre enfant, ou faire des décorations à la pâte d'amande.

Gâteau meringué

Pour 6 à 8 personnes Préparation : 25 min Cuisson : 30 min

Pour le gâteau : 4 jaunes d'œufs, 4 cuill. à soupe de lait, 125 g de beurre ramolli + 1 noix pour le moule, 125 g de sucre en poudre, 90 g de farine, 1 cuill. à café de levure chimique, le zeste de 1 orange non traitée
Pour la meringue : 4 blancs d'œufs, 160 g de sucre en poudre, 2 gouttes d'extrait de vanille, 1 pincée de sel
Pour la décoration : fruits de saison ou copeaux de chocolat noir

• Préchauffez le four à 140/150 °C (th. 5).

Mélangez le beurre et le sucre, et fouettez jusqu'à ce que le mélange soit mousseux. Ajoutez les jaunes d'œufs battus, puis le lait et enfin la farine mélangée avec la levure. Terminez en incorporant le zeste d'orange jusqu'à homogénéisation du mélange. Versez dans un moule à manqué beurré.

• Préparez la meringue en battant les blancs en neige avec une pincée de sel. Lorsqu'ils sont bien fermes, versez l'extrait de vanille et le sucre, et continuez de fouetter jusqu'à l'obtention d'un mélange brillant. Déposez la meringue sur la pâte et enfournez pour 30 minutes en surveillant la cuisson : la meringue doit prendre une jolie couleur dorée.

• Laissez refroidir et décorez avec des fruits rouges, des quartiers d'orange ou de clémentines, ou des copeaux de chocolat noir bien frais.

2
6
ans

Cake au chocolat et à la banane

Pour 1 cake Préparation : 20 min Cuisson : 30 min

2 bananes bien mûres, 2 œufs, 50 g de beurre fondu + 1 noix pour le moule, 50 g de crème liquide, 130 g de farine, 40 g de fécule, 1/2 sachet de levure chimique, 50 g de miel liquide, 1 sachet de sucre vanillé, 80 g de pépites de chocolat noir

- Préchauffez le four à 180 °C (th. 6).

Versez la farine dans un saladier et mélangez avec la fécule et la levure.

Épluchez les bananes et écrasez-les à la fourchette, dans un saladier. Incorporez le miel et le sucre vanillé puis les œufs entiers et enfin le beurre fondu et la crème.

Versez le mélange de farine, fécule et levure, et mélangez délicatement. Incorporez les pépites de chocolat puis versez la préparation dans un moule à cake beurré.

- Enfournez pour 30 minutes environ. Laissez tiédir avant de servir.

Variante

Vous pouvez remplacer la moitié ou la totalité des pépites de chocolat par des noisettes concassées ou des noix de pécan (pour les plus de 3 ans).

2/6 ans

Variante

Si vos enfants apprécient les épices, n'hésitez pas à ajouter une pincée de cannelle ou de quatre- épices.

Crumble pommes-poires

Pour 6 à 8 portions Préparation : 20 min Cuisson : 35 min

2 pommes, 2 poires, 60 g de beurre, 50 g de farine, 40 g de cassonade, 30 g de poudre d'amande, 1 pincée de sel

- Épluchez les pommes et les poires, coupez-les en quartiers, ôtez le cœur et les pépins, puis découpez chaque quartier en dés. Faites chauffer une noisette de beurre dans une poêle, ajoutez les dés de pommes et de poire, saupoudrez d'une cuillerée de cassonade et faites caraméliser légèrement pendant 5 minutes.

Versez la farine dans un saladier, ajoutez le reste de cassonade, la poudre d'amande et 1 pincée de sel, puis incorporez 50 g beurre en mélangeant du bout des doigts, sans pétrir, jusqu'à l'obtention d'une pâte sableuse.

- Préchauffez le four à 180 °C (th. 6).

Beurrez un moule et déposez les fruits poêlés. Recouvrez de pâte à crumble.

- Enfournez et faites cuire 30 minutes environ. Servez tiède.

bertille

2
6
ans

Variante

Vous pouvez remplacer les bananes par des pommes, des fruits rouges, etc.

Variante

Vous pouvez remplacer le citron par de l'orange ou des pépites de chocolat.

Muffins à la banane

Pour une dizaine de muffins Préparation : 20 min Cuisson : 20 min

2 œufs + 1 blanc, 80 g de beurre mou, 1 yaourt, 2 bananes, 200 g de farine, 1/2 sachet de levure chimique, 80 g de sucre roux

Versez la farine dans un grand bol et mélangez avec la levure.

• Préchauffez le four à 180 °C (th. 6). Épluchez les bananes et coupez-les en dés.

Placez le beurre dans un saladier et incorporez le sucre à l'aide d'un fouet. Ajoutez les œufs l'un après l'autre, le blanc d'œuf puis le yaourt et mélangez bien pour obtenir une préparation lisse. Incorporez la farine et les bananes.

Répartissez la pâte dans des moules à muffins en silicone.

• Enfournez pour 20 minutes environ.

Madeleines

Pour 12 à 15 madeleines Préparation : 15 min Réfrigération : 1 h Cuisson : 15 min

2 œufs, 90 g de beurre fondu + 1 noix pour les moules, 100 g de farine, 1/2 sachet de levure chimique, 1 citron non traité, 90 g de sucre

• Lavez le citron, prélevez son zeste et hachez-le.

Versez la farine dans un petit saladier et mélangez avec la levure.

Cassez les œufs dans un saladier et fouettez-les avec le sucre jusqu'à ce que le mélange blanchisse. Ajoutez le mélange farine/levure, puis le beurre fondu et le zeste de citron. Mélangez bien. Placez au réfrigérateur pendant 1 heure.

• Préchauffez le four à 200 °C (th. 6/7).

Répartissez la pâte dans des moules à madeleines beurrés sans les remplir.

• Enfournez pour 15 minutes environ. Laissez tiédir avant de servir.

2/6 ans

Langues-de-chat

Pour 40 biscuits environ Préparation : 15 min Cuisson : 10 min

4 blancs d'œufs, 120 g de beurre, 1 citron non traité, 100 g de sucre, 120 g de farine, 1 goutte d'extrait de vanille

Versez les blancs d'œufs dans un bol et battez-les à la fourchette pour les faire mousser.

• Lavez le citron et prélevez environ 1 cuillerée à café de zeste.

Déposez le beurre bien mou coupé en dés dans un saladier et mélangez-le avec le sucre en poudre et la vanille à l'aide d'une cuillère en bois ou d'un fouet. Incorporez progressivement la farine puis les blancs d'œufs et enfin le zeste de citron.

• Préchauffez le four à 180 °C (th. 6).

À l'aide d'une cuillère, disposez des petits tas de pâte bien espacés sur une plaque antiadhésive.

• Enfournez pour 10 minutes environ ; les langues-de-chat sont cuites quand le bord commence à dorer.

• Décollez les langues-de-chat à l'aide d'une spatule et laissez-les refroidir.

Astuce

Ces biscuits seront parfaits pour donner du croquant à vos mousses et vos compotes.

2/6 ans

Sablés coco

Pour environ 20 sablés Préparation : 15 min Repos : 1 h Cuisson : 10 min

1 jaune d'œuf, 120 g de farine + farine pour étaler la pâte, 30 g de noix de coco en poudre, 30 g de sucre en poudre, 70 g de beurre, sel

Versez la farine dans un saladier et mélangez avec la noix de coco, une pincée de sel et le sucre. Faites un puits au centre puis ajoutez le beurre mou coupé en dés, le jaune d'œuf et un peu d'eau. Travaillez la pâte jusqu'à ce qu'elle soit homogène et formez une boule. Laissez reposer environ 1 heure.

Farinez le plan de travail et étalez la pâte au rouleau sur une épaisseur de 4 mm environ.

• Préchauffez le four à 190/200 °C (th. 6/7).

À l'aide d'emporte-pièces de différentes formes, découpez les sablés et déposez-les sur une plaque antiadhésive.

• Enfournez pour une dizaine de minutes ; les sablés doivent être dorés.

Variante

Vous pouvez remplacer la noix de coco par de la poudre d'amande ou parfumer la pâte d'un peu de cannelle.

2/6 ans

Chouquettes

Pour environ 40 chouquettes Préparation : 20 min Cuisson : 30 min

4 œufs, 80 g de beurre, 130 g de farine, 1 cuill. à soupe de sucre en poudre, 1 pincée de sel, sucre perlé en gros cristaux

- Versez l'eau dans une casserole, ajoutez le sel, le sucre en poudre et le beurre. Faites chauffer jusqu'à ce que le beurre soit bien fondu.
- À ébullition, baissez le feu, versez la farine en une seule fois et mélangez vigoureusement avec une cuillère en bois jusqu'à ce que la pâte se détache des parois de la casserole.
- Ôtez la casserole du feu et laissez tiédir. Incorporez les œufs entiers un par un à l'aide d'une cuillère en bois ; la pâte doit être redevenue parfaitement homogène avant d'incorporer l'œuf suivant.
- Préchauffez le four à 190/200 °C (th. 6/7).

À l'aide de deux cuillères à café, déposez des petits tas de pâte sur une plaque à pâtisserie antiadhésive ou recouverte de papier sulfurisé, en les espaçant bien. Ajoutez quelques grains de sucre perlé sur chaque chou en les enfonçant légèrement dans la pâte.

- Enfournez pour 30 minutes environ, jusqu'à ce que les choux soient bien dorés. Laissez refroidir légèrement.

Variante

Vous pouvez incorporer 1 cuillerée à soupe de cacao dans la pâte : vous obtiendrez d'irrésistibles chouquettes au chocolat.

2/6 ans

Bonshommes en pain d'épices

Pour environ 6 bonshommes de 12 cm de hauteur
Préparation : 20 min Réfrigération : 3 h Cuisson : 15 min

1 œuf, 40 g de beurre, 130 g de farine blanche + farine pour le plan de travail, 130 g de farine complète, 1 sachet de levure chimique, 1 pincée de bicarbonate, 100 g de miel, 90 g de sucre, 1 à 2 pincées d'anis vert, 1 à 2 pincées de muscade râpée, 1 à 2 pincées de cannelle, 1 à 2 pincées de gingembre, 1 clou de girofle

- Versez le miel dans une casserole, ajoutez le beurre, 5 cl d'eau, le sucre et faites chauffer tout en remuant jusqu'à ce que le sucre soit bien fondu. Ôtez la casserole du feu. Écrasez le clou de girofle.

- Versez les farines dans un grand bol puis ajoutez le bicarbonate, la levure et toutes les épices. Incorporez le contenu de la casserole et mélangez bien. Ajoutez l'œuf battu et mélangez pour obtenir une pâte homogène et lisse. Laissez reposer pendant au moins 3 heures au réfrigérateur (vous pouvez préparer la pâte la veille).

- Préchauffez le four à 200 °C (th. 6/7).

- Farinez largement le plan de travail, puis étalez la pâte sur une épaisseur de 1 cm. À l'aide d'un emporte-pièce, ou avec un gabarit en carton, découpez des bonshommes dans la pâte puis déposez-les sur une plaque à pâtisserie antiadhésive.

- Enfournez pour une dizaine de minutes.

- Laissez tiédir puis décorez avec des bonbons de couleur ou des sucres colorés.

Variante

Vous pouvez recouvrir les bonshommes d'un glaçage : mélangez 60 g de sucre glace avec quelques gouttes de citron jusqu'à l'obtention d'une consistance ferme, puis étalez sur la pâte cuite. N'hésitez pas à varier les épices et à les doser en plus ou moins grande quantité ; vous pouvez également ajouter un zeste d'orange ou de citron (utilisez des agrumes non traités).

2
6
ans

Milk-shake estival

Pour 4 portions Préparation : 5 min

2 pêches bien mûres, 2 abricots bien mûrs, 2 yaourts brassés, 1 cuill. à soupe de miel liquide

- Plongez les pêches dans de l'eau frémissante, rafraîchissez-les puis pelez-les. Coupez-les en deux et ôtez le noyau.
- Lavez les abricots et dénoyautez-les.
- Placez les fruits coupés en morceaux et le miel dans un blender.
- Mixez en ajoutant progressivement les yaourts.
- Servez bien frais.

Variante

Une fois l'été passé, vous pouvez utiliser d'autres fruits tels que pommes, poires ou bananes, pour réaliser ce milk-shake.

Smoothie

Pour 4 portions Préparation : 5 min

1 banane, 1 barquette de fraises de 250 g, 10 cl de lait, 10 cl de yaourt brassé

- Épluchez la banane et coupez-la en rondelles. Rincez rapidement les fraises puis équeutez-les.
- Placez les fraises et la banane dans un blender, puis ajoutez le lait et le yaourt, et mixez pour obtenir un mélange bien mousseux.
- Versez dans des verres et servez frais

Truffes au chocolat

Pour 25 truffes environ Préparation : 15 min Réfrigération : 2 h + 1 h Cuisson : 5 min

200 g de chocolat à pâtisser, 100 g de crème liquide, cacao en poudre, poudre de noisette ou d'amande, noix de coco râpée

• À l'aide d'un couteau, hachez le chocolat puis mettez-le dans un saladier. Versez la crème dans une casserole et portez à ébullition.

• Lorsqu'elle frémit, versez sur le chocolat et mélangez bien. Laissez tiédir puis placez au réfrigérateur pendant au moins 2 heures.

Versez du cacao en poudre dans une assiette, de la poudre de noisette ou d'amande dans une autre assiette et de la noix de coco râpée dans une troisième.

Prélevez de petites quantités de chocolat à la crème et formez de petites boules avec les doigts. Enrobez-les de cacao, de noisette ou d'amande et de coco. Déposez les truffes dans des petites caissettes en papier et placez au frais au moins 1 heure avant de servir : ces truffes seront encore meilleures le lendemain !

Coupe de glace aux figues fraîches

Pour environ 4 portions Préparation : 5 min

4 belles figues, 1 tranche de pain d'épices, glace à la vanille ou glace au yaourt

• Essuyez les figues et coupez-les en quatre.

• Toastez la tranche de pain d'épices et coupez-la en petits dés.

• Répartissez les figues dans quatre coupes et ajoutez deux quenelles de glace. Parsemez de dés de pain d'épices toastés et servez.

2/6 ans

Variante

Vous pouvez remplacer la moitié du chocolat noir par du chocolat au lait.

Variante

Pour un dessert plus gourmand, faites revenir les figues dans une noisette de beurre avant de les disposer dans les coupes.

2/6 ans

Gâteau au chocolat

Pour 4 à 6 personnes Préparation : 20 min Cuisson : 30 min

4 œufs, 150 g de beurre + 1 noix pour le moule, 200 g de chocolat noir à pâtisser, 30 g de farine, 30 g de fécule, 100 g de sucre, sel

- Préchauffez le four à 190/200 °C (th. 6/7). Séparez les blancs des jaunes d'œufs.
- Cassez le chocolat en morceaux et faites-le fondre au bain-marie avec le beurre coupé en petits dés, en remuant pour qu'il soit bien lisse.
- Incorporez la farine, la fécule et une pincée de sel, puis le sucre et les jaunes d'œufs.
- Battez les blancs en neige et incorporez-les à la préparation. Versez dans un moule à manqué beurré et enfournez pour 25 minutes environ.
- Laissez tiédir et servez.

Pour les plus petits

N'hésitez pas à utiliser du chocolat au lait à pâtisser.

2/6 ans

Palets aux amandes et à l'orange

Pour 30 biscuits environ Préparation : 15 min Cuisson : 10 min

2 œufs, 1 orange, 70 g de beurre fondu, 90 g de sucre en poudre, 100 g de poudre d'amande, 70 g de farine

- Lavez l'orange et prélevez environ 1 cuillerée à café de zeste. Pressez le fruit et conservez environ 2 cuillerées à soupe de jus. Préchauffez le four à 180 °C (th. 6).

Cassez les œufs dans un saladier, ajoutez le sucre et fouettez jusqu'à ce que le mélange blanchisse.

Ajoutez le beurre et mélangez bien, puis incorporez progressivement la poudre d'amande, la farine, le zeste et le jus d'orange. Travaillez la pâte avec une cuillère en bois jusqu'à ce qu'elle soit bien homogène.

Disposez des petits tas de pâte à l'aide d'une petite cuillère sur une plaque à pâtisserie antiadhésive.

- Enfournez pour 10 minutes environ, jusqu'à ce que les petits palets soient dorés.

Astuce

Ces palets se conservent parfaitement quelques jours : il suffit de les placer dans une boîte hermétiquement fermée.

Tian d'automne

Pour 4 portions Préparation : 15 min Cuisson : 30 min

1 pomme, 1 poire, 12 grains de raisin frais, 1 orange, 1/2 citron, 2 figues sèches, 20 g de beurre, 5 cl de crème liquide, 20 g de sucre

• Pelez la pomme et la poire, ôtez le cœur et les pépins puis coupez les fruits en quartiers et arrosez-les de jus de citron. Rincez les grains de raisin.

• Préchauffez le four à 150/160 °C (th. 4/5).

Beurrez un plat, disposez les fruits frais et ajoutez les figues coupées en morceaux.

Pressez l'orange et versez le jus sur les fruits.

• Faites fondre le reste de beurre et mélangez-le avec la crème. Ajoutez le sucre et mélangez. Répartissez le tout sur les fruits, puis enfournez pour 30 minutes environ.

Salade d'agrumes

Pour 4 portions Préparation : 10 min Réfrigération : 1 h

1 pomelo rose, 2 oranges de table, 1 citron, 1 cuill. à soupe de sirop de rose (à défaut, du sirop de grenadine ou d'orange)

• Lavez les fruits (sauf le citron) et pelez-les en mettant la chair à vif. À l'aide d'un couteau bien aiguisé, détachez chaque quartier sans la fine peau transparente qui l'entoure. Recueillez le jus qui s'écoule pendant ces opérations.

• Placez les quartiers d'agrumes et leur jus dans un saladier ou dans un plat et arrosez-les de jus de citron et de sirop. Mélangez et placez au frais au moins 1 heure.

Variante

Si vos enfants l'apprécient, ajoutez un zeste d'orange râpé (choisissez alors une orange non traitée).

Variante

Au dernier moment, vous pouvez parsemer la salade de quelques graines de sésame légèrement dorées à la poêle.

2/6 ans

Astuce gain de temps

Vous pouvez utiliser une pâte sablée toute prête.

Tarte au Carambar®

Pour 1 tarte Préparation : 20 min Repos : 1 h Cuisson : 20 min Réfrigération : 2 h

Pour la pâte : 1 petit œuf, 80 g de beurre mou, 200 g de farine, 30 g de sucre, sel
Pour la garniture : 25 Carambar®, 20 cl de crème liquide, 1 cuill. à soupe de cacao en poudre

Préparez la pâte : versez la farine et une pincée de sel dans un saladier et mélangez avec le sucre ; creusez un puits au centre puis incorporez l'œuf et le beurre coupé en dés ; mélangez du bout des doigts et amalgamez la pâte en ajoutant un peu d'eau froide, jusqu'à l'obtention d'une pâte homogène ; formez une boule et laissez reposer 1 heure.

- Préchauffez le four à 180 °C (th. 6).

Étalez la pâte au rouleau sur un plan de travail fariné et garnissez-en un moule à tarte. Recouvrez-la d'un papier cuisson et de légumes secs.

- Enfournez pour 20 minutes environ.

Retirez les papiers des Carambar® et mettez les caramels dans une casserole avec la crème.

- Faites chauffer sur feu doux tout en mélangeant au fouet pour bien dissoudre les bonbons.

Incorporez le cacao. Versez la préparation aux Carambar® sur la pâte, laissez tiédir puis placez au réfrigérateur pendant 2 heures environ.

Index par ingrédient

Remerciements
Delphine Brunet tient à remercier les personnes suivantes :
Un grand merci pour la malice et la gaieté de Lou et Noa
qui ont cuisiné pour de vrai avec moi.
Merci à Flo et Charles pour leur accueil.
Et merci aussi aux gentils parents et à Charlotte pour son aide précieuse.

Si vous souhaitez recevoir notre catalogue
et être tenu au courant de nos publications,
envoyez-nous vos nom et adresse en citant ce livre
et en précisant les domaines qui vous intéressent.

SOLAR - 12, avenue d'Italie, 75013 Paris
Site Internet : www.solar.fr

Direction littéraire : Corinne Cesano

Édition : Delphine Depras

Collaboration éditoriale : Vanessa Redureau

Conception graphique, réalisation et couverture : Guylaine Moi

Illustrations : © Ekaterina Perepelova - Fotolia.com

Illustration intérieur de couverture, p. 2 : © Sergey Titov - Fotolia.com

Fabrication : Laurence Ledru

Photogravure : Euresys

ISBN : 978-2-263-04877-7
Code éditeur : S04877

Dépôt légal : octobre 2009
Imprimé en France par IME